Aromes d'Índia

Cuina Exòtica a la Teva Cuina

Priya Sharma

Resum

Raita d'all 19
   ingredients 19
   Mètode 19
Raita de verdures mixtes 20
   ingredients 20
   Mètode 20
Boondi Raita 21
   ingredients 21
   Mètode 21
Raita de coliflor 22
   ingredients 22
   Mètode 23
Raita de col 24
   ingredients 24
   Mètode 24
Raita de remolatxa 25
   ingredients 25
   Mètode 25
Llegums germinats Raita 26
   ingredients 26
   Mètode 26
Pasta Pudina Raita 27
   ingredients 27

- Mètode 27
- Mint Raita 28
  - ingredients 28
  - Mètode 28
- Raita d'albergínia 29
  - ingredients 29
  - Mètode 29
- Raita de safrà 30
  - ingredients 30
  - Mètode 30
- Yam Raita 31
  - ingredients 31
  - Mètode 32
- Okra Raita 33
  - ingredients 33
  - Mètode 33
- Pastís d'espinacs cruixent 34
  - ingredients 34
  - Mètode 34
- Rava Dosa 36
  - ingredients 36
  - Mètode 36
- Costella de Doodhi 38
  - ingredients 38
  - Per a la salsa blanca: 38
  - Mètode 38
- Patra 40

ingredients 40
Per a la massa: 40
Mètode 41
Nargisi Chicken Kebab 42
ingredients 42
Mètode 43
Sev Puris amb cobertura salada 44
ingredients 44
Mètode 45
Rotlle especial 46
ingredients 46
Mètode 47
Colocasia fregida 48
ingredients 48
Mètode 49
Dhal Dosa Mixta 50
ingredients 50
Mètode 50
Pastissos Makkai 51
ingredients 51
Mètode 52
Hara Bhara Kebab 53
ingredients 53
Mètode 53
Peix Pakoda 55
ingredients 55
Mètode 56

Shammi Kebab 57
    ingredients 57
    Mètode 58
Dhokla bàsic 59
    ingredients 59
    Mètode 60
Vinga 61
    ingredients 61
    Mètode 62
Dhokla de dos pisos 63
    ingredients 63
    Mètode 64
Ulundu Vada 65
    ingredients 65
    Mètode 65
Bhakar Wadi 66
    ingredients 66
    Mètode 66
Mangalorean Chaat 68
    ingredients 68
    Mètode 69
Pani Puri 70
    ingredients 70
    Per al farcit: 70
    Per al pa: 70
    Mètode 71
Ou d'espinacs farcit 72

- ingredients 72
- Mètode 73
- Sada Dosa 74
  - ingredients 74
  - Mètode 74
- Samosa de patata 76
  - ingredients 76
  - Mètode 77
- Kachori calent 78
  - ingredients 78
  - Mètode 78
- Khandvi 80
  - ingredients 80
  - Mètode 81
- Plaça Meca 82
  - ingredients 82
  - Mètode 83
- Dhal Pakwan 84
  - ingredients 84
  - Per al pakwan: 84
  - Mètode 85
- Sev picant 86
  - ingredients 86
  - Mètode 86
- Mitjanes mitjanes vegetarianes farcides 87
  - ingredients 87
  - Per al farcit: 87

- Mètode 88
- Kachori Usal 89
  - ingredients 89
  - Per al farcit: 89
  - Per a la salsa: 90
  - Mètode 90
- Dhal Dhokli 92
  - ingredients 92
  - Per al dhal: 92
  - Mètode 93
- Misal 94
  - ingredients 94
  - Per a la barreja d'espècies: 95
  - Mètode 96
- Pandori 97
  - ingredients 97
  - Mètode 97
- Adai de verdures 98
  - ingredients 98
  - Mètode 99
- Blat de moro picant a la panotxa 100
  - ingredients 100
  - Mètode 100
- Costella mixta de verdures 101
  - ingredients 101
  - Mètode 102
- Idli Upma 103

ingredients 103
Mètode 104
Dhal Bhajiya 105
ingredients 105
Mètode 105
Masala Papad 106
ingredients 106
Mètode 106
Entrepà de verdures 107
ingredients 107
Mètode 107
Rotllets de mongetes verdes germinades 108
ingredients 108
Mètode 109
Entrepà de Chutney 110
ingredients 110
Mètode 110
Chatpata Gobhi 111
ingredients 111
Mètode 111
Sabudana Vada 112
ingredients 112
Mètode 112
Pa upma 113
ingredients 113
Mètode 114
Khaja picant 115

ingredients 115
    Mètode 116
Patates cruixents 117
    ingredients 117
    Mètode 118
Dhal Vada 119
    ingredients 119
    Mètode 120
Bunyols de plàtan picants 121
    ingredients 121
    Mètode 121
Masala Dosa 122
    ingredients 122
    Mètode 122
Kebab de soja 124
    ingredients 124
    Mètode 125
Sèmola Idli 126
    ingredients 126
    Mètode 127
Costella de patata i ou 128
    ingredients 128
    Mètode 128
Chivda 129
    ingredients 129
    Mètode 130
Pa de Bhajjia 131

ingredients 131
    Mètode 131
Ou Masala 132
    ingredients 132
    Mètode 133
Pakoda de gambes 134
    ingredients 134
    Mètode 134
Patates fregides de formatge 136
    ingredients 136
    Mètode 137
Mysore Bonda 138
    ingredients 138
    Mètode 138
Radhaballabhi 139
    ingredients 139
    Mètode 139
Medu Vada 141
    ingredients 141
    Mètode 141
Truita de tomàquet 143
    ingredients 143
    Mètode 144
Ou Bhurji 145
    ingredients 145
    Mètode 146
Costella d'ou 147

- ingredients 147
  - Mètode 148
- Jhal Mudi 149
  - ingredients 149
  - Mètode 149
- Tofu Tikka 150
  - ingredients 150
  - Per a la marinada: 150
  - Mètode 151
- Aloo Kabli 152
  - ingredients 152
  - Mètode 152
- Truita Masala 153
  - ingredients 153
  - Mètode 154
- Masala de cacauet 155
  - ingredients 155
  - Mètode 155
- Kothmir Wadi 156
  - ingredients 156
  - Mètode 157
- Rotllets d'arròs i blat de moro 158
  - ingredients 158
  - Mètode 158
- Dahi costella 159
  - ingredients 159
  - Mètode 160

- Utahpam 161
  - ingredients 161
  - Mètode 161
- Koraishutir Kochuri 162
  - ingredients 162
  - Mètode 162
- Kanda Vada 164
  - ingredients 164
  - Mètode 164
- Aloo Tuk 165
  - ingredients 165
  - Mètode 166
- Costella de coco 167
  - ingredients 167
  - Mètode 167
- Mung Sprout Dhokla 169
  - ingredients 169
  - Mètode 169
- Paneer Pakoda 170
  - ingredients 170
  - Mètode 171
- Pa de carn indi 172
  - ingredients 172
  - Mètode 173
- Paneer Tikka 174
  - ingredients 174
  - Per a la marinada: 174

- Mètode 175
- Costella de paneer 176
  - ingredients 176
  - Mètode 177
- Dhal ke Kebab 178
  - ingredients 178
  - Mètode 178
- Boles d'arròs salades 179
  - ingredients 179
  - Mètode 179
- Roti nutritiu 180
  - ingredients 180
  - Per a la rotis: 180
  - Mètode 181
- Kebab de pollastre a la menta 182
  - ingredients 182
  - Mètode 183
- Patates fregides Masala 184
  - ingredients 184
  - Mètode 184
- Samosa mixta de verdures 185
  - ingredients 185
  - Per a la pastisseria: 185
  - Mètode 186
- Rotllets de picada 187
  - ingredients 187
  - Mètode 187

Golli Kebab	189
ingredients	189
Mètode	190
Mathis	191
ingredients	191
Mètode	191
Poha Pakoda	192
ingredients	192
Mètode	193
Hariyali Murgh Tikka	194
ingredients	194
Per a la marinada:	194
Mètode	195
Boti Kebab	196
ingredients	196
Mètode	197
Chaat	198
ingredients	198
Mètode	199
Dosa de coco	200
ingredients	200
Mètode	200
Pastissos de fruita seca	201
ingredients	201
Mètode	201
Dosa d'arròs cuit	203
ingredients	203

Mètode 204
Mandonguilles de plàtan verd 205
    ingredients 205
    Mètode 206
Sooji Vada 207
    ingredients 207
    Mètode 207
Bocades agredolçades salades 208
    ingredients 208
    Per al muthie: 208
    Mètode 209
Pastissos de gambes 210
    ingredients 210
    Mètode 211
Reshmi Kebab 212
    ingredients 212
    Mètode 212
Delicia de blat trencat 213
    ingredients 213
    Mètode 214
Methi Dhokla 215
    ingredients 215
    Mètode 215
Pastissos de pèsols 216
    ingredients 216
    Mètode 217
Nimki 218

ingredients	218
Mètode	218
Dahi Pakoda Chaat	219
ingredients	219
Mètode	219

Raita d'all

Per a 4 persones

ingredients

2 bitxos verds

5 grans d'all

450 g de iogurt, batut

Sal al gust

Mètode

- Cuini els xiles en sec fins que es tornin marró clar. Tritureu-los amb els alls.
- Barrejar amb els altres ingredients. Servir fred.

Raita de verdures mixtes

Per a 4 persones

ingredients

1 patata gran, tallada a daus i bullida

25 g/1 unça de mongetes verdes franceses, tallades a daus i bullides

25 g/1 unça de pastanagues, tallades a daus fins i bullides

50 g de pèsols bullits

450 g de iogurt

½ culleradeta de pebre negre mòlt

1 cullerada de fulles de coriandre ben picades

Sal al gust

Mètode

- Barregeu bé tots els ingredients en un bol. Servir fred.

Boondi Raita

Per a 4 persones

ingredients

115 g de boondi salat*

450 g de iogurt

½ culleradeta de sucre

½ culleradeta de chaat masala*

Mètode

- Barregeu bé tots els ingredients en un bol. Servir fred.

Raita de coliflor

Per a 4 persones

ingredients

250 g de coliflor, tallada a flors petites o ratllada

Sal al gust

½ culleradeta de pebre negre mòlt

½ culleradeta de xili en pols

½ culleradeta de mostassa mòlta

450 g de iogurt

1 culleradeta de ghee

½ culleradeta de llavors de mostassa

Chaat Masala*gust

Mètode

- Barregeu la coliflor amb la barreja de sal i vapor.
- En un bol, batem el pebre, el xili en pols, la mostassa, la sal i el iogurt.
- Afegiu la barreja de coliflor a la barreja de iogurt i reserveu.
- Escalfeu el ghee en una cassola petita. Quan comenci a fumar, afegiu-hi les llavors de mostassa. Deixeu-los crepitar durant 15 segons.
- Afegiu-ho amb el chaat masala a la barreja de iogurt. Servir fred.

Raita de col

Per a 4 persones

ingredients

100 g de col, ratllada

Sal al gust

1 cullerada de fulles de coriandre ben picades

2 culleradetes de coco ratllat

450 g de iogurt

1 culleradeta d'oli

½ culleradeta de llavors de mostassa

3-4 fulles de curri

Mètode

- Coure la col amb sal. Deixeu-ho refredar.
- Afegiu-hi les fulles de coriandre, el coco i el iogurt. Barrejar bé. Per deixar de banda.
- Escalfeu l'oli en una cassola petita. Afegiu llavors de mostassa i fulles de curri. Deixeu-los crepitar durant 15 segons.
- Aboqueu-ho a la barreja de iogurt. Servir fred.

Raita de remolatxa

Per a 4 persones

ingredients

1 remolatxa gran, bullida i ratllada

450 g de iogurt

½ culleradeta de sucre

Sal al gust

1 culleradeta de ghee

½ culleradeta de llavors de comí

1 bitxo verd, tallat longitudinalment

1 cullerada de fulles de coriandre ben picades

Mètode

- Barregeu la remolatxa, el iogurt, el sucre i la sal en un bol.
- Escalfeu el ghee en una cassola. Afegiu llavors de comí i bitxo verd. Deixeu-los crepitar durant 15 segons. Afegiu-lo a la barreja de remolatxa i iogurt.
- Transferir a un bol i decorar amb fulles de coriandre.
- Servir fred.

Llegums germinats Raita

Per a 4 persones

ingredients

75 g de brots de soja

75 g de kaala chana germinada*

75 g de cigrons germinats

1 cogombre, picat finament

10 g de fulles de coriandre ben picades

2 culleradetes de chaat masala*

½ culleradeta de sucre

450 g de iogurt

Mètode

- Cuina els brots de soja al vapor durant 5 minuts. Per deixar de banda.
- Bulliu el kaala chana i els cigrons juntament amb una mica d'aigua a foc mitjà en una cassola durant 30 minuts. Per deixar de banda.
- Barregeu els brots de soja amb tots els ingredients restants. Barrejar bé. Escórrer i afegir la kaala chana i els cigrons.
- Servir fred.

Pasta Pudina Raita

Per a 4 persones

ingredients

200 g de pasta, bullida

1 cogombre gran, picat finament

450 g de iogurt, batut

2 culleradetes de mostassa ja feta

50 g de fulles de menta ben picades

Sal al gust

Mètode

- Barrejar tots els ingredients junts. Servir fred.

Mint Raita

Per a 4 persones

ingredients

50 g de fulles de menta

25 g/1 unça de fulles de coriandre escasses

1 pebrot verd

2 grans d'all

450 g de iogurt

1 culleradeta de chaat masala*

1 culleradeta de sucre granulat

Sal al gust

Mètode

- Tritureu les fulles de menta, les fulles de coriandre, el bitxo verd i l'all junts.
- Barrejar amb els altres ingredients en un bol.
- Servir fred.

Raita d'albergínia

Per a 4 persones

ingredients

1 albergínia gran

450 g de iogurt

1 ceba gran, ratllada finament

2 bitxos verds, ben picats

10 g de fulles de coriandre ben picades

Sal al gust

Mètode

- Punxeu les albergínies per tot arreu amb una forquilla. Coure al forn a 180ºC (350ºF, Gas Mark 4), girant de tant en tant, fins que la pell estigui carbonitzada.
- Remullar les albergínies en un bol amb aigua per refredar-les. Escorreu l'aigua i traieu la pell de les albergínies.
- Tritureu les albergínies fins que quedin suaus. Barrejar amb tots els altres ingredients.
- Servir fred.

Raita de safrà

Per a 4 persones

ingredients

350 g de iogurt

1 culleradeta de safrà, remullat en 2 cullerades de llet durant 30 minuts

25 g/1 unça de sultanes, remullats amb aigua durant 2 hores

75 g d'ametlla i festucs torrats, tallats ben petits

1 cullerada de sucre granulat

Mètode

- En un bol batem el iogurt amb el safrà.
- Afegiu tots els altres ingredients. Barrejar bé.
- Servir fred.

Yam Raita

Per a 4 persones

ingredients

250 g de moniatos*

Sal al gust

¼ de culleradeta de xili en pols

¼ de culleradeta de pebre negre mòlt

350 g de iogurt

1 culleradeta de ghee

½ culleradeta de llavors de comí

2 bitxos verds, tallats al llarg

1 cullerada de fulles de coriandre ben picades

Mètode

- Peleu i ratlleu els moniatos. Afegiu una mica de sal i coeu la barreja al vapor fins que estigui tova. Per deixar de banda.
- En un bol, barregeu la sal, el xili en pols i el pebre mòlt amb el iogurt.
- Afegiu el nyam a la barreja de iogurt. Per deixar de banda.
- Escalfeu el ghee en una cassola petita. Afegiu llavors de comí i bitxos verds. Deixeu-los crepitar durant 15 segons.
- Afegiu-lo a la barreja de iogurt. Barrejar suaument.
- Decoreu amb fulles de coriandre. Servir fred.

Okra Raita

Per a 4 persones

ingredients

250 g de okra, ben picada

Sal al gust

½ culleradeta de xili en pols

½ culleradeta de cúrcuma

Oli vegetal refinat per fregir

350 g de iogurt

1 culleradeta de chaat masala*

Mètode

- Fregueu els trossos d'okra amb sal, xili en pols i cúrcuma.
- Escalfeu l'oli en una cassola. Fregiu l'okra a foc mitjà durant 3-4 minuts. Escórrer sobre paper absorbent. Per deixar de banda.
- En un bol, batem el iogurt amb el chaat masala i la sal.
- Afegiu el okra fregit a la barreja de iogurt.
- Servir fred o a temperatura ambient.

Pastís d'espinacs cruixent

Per 12

ingredients

1 cullerada d'oli vegetal refinat més extra per fregir

1 ceba gran, picada finament

50 g d'espinacs, bullits i picats finament

1 culleradeta de pasta d'all

1 culleradeta de pasta de gingebre

Sal al gust

Paneer 300 g / 10 oz*, tallat

2 ous batuts

2 cullerades de farina blanca natural

Pebre segons sigui necessari

Sal al gust

50 g de pa ratllat

Mètode

- Escalfeu l'oli en una paella antiadherent. Fregiu la ceba a foc mitjà fins que estigui translúcid.
- Afegiu-hi els espinacs, la pasta d'all, la pasta de gingebre i la sal. Cuini durant 2-3 minuts.

- Retirar del foc i afegir el paneer. Barrejar bé i dividir en mandonguilles quadrades. Cobrir amb paper d'alumini i refrigerar durant 30 minuts.
- Barregeu els ous, la farina, el pebre i la sal fins que es formi una massa homogènia.
- Escalfeu l'oli restant en una paella antiadherent. Submergeu cada paneer a la massa, enrotlleu-ho amb pa ratllat i fregiu-los fins que estiguin daurats.
- Serviu calent amb chutney d'all sec

Rava Dosa

(Crêpe de sèmola)

Són les 10-12

ingredients

100 g de sèmola

85 g de farina blanca normal

Una mica de bicarbonat de sodi

250 g de iogurt

240 ml / 8 fl oz d'aigua

Sal al gust

Oli vegetal refinat per greixar

Mètode

- Barregeu tots els ingredients, excepte l'oli, per formar una massa de la consistència de la barreja de creps. Deixar de banda durant 20-30 minuts.
- Unteu i escalfeu una paella plana. Aboqueu 2 cullerades de massa. Repartiu aixecant la paella i girant-la suaument.
- Aboqueu una mica d'oli per les vores.

- Coure durant 3 minuts. Gireu i cuini fins que estigui cruixent.
- Repetiu per a la massa restant.
- Serviu calent amb chutney de coco

Costella de Doodhi

(Colleta de carbassa d'ampolla)

Per 20

ingredients

1 cullerada d'oli vegetal refinat més extra per fregir

1 ceba gran, picada

4 bitxos verds, ben picats

Gingebre d'arrel de 2,5 cm, ratllat

1 carabassa d'ampolla gran*, pelat i ratllat

Sal al gust

2 ous batuts

100 g de pa ratllat

Per a la salsa blanca:

2 cullerades de margarina/mantega

4 cullerades de farina

Sal al gust

Pebre segons sigui necessari

1 cullerada de nata

Mètode

- Per a la salsa blanca, escalfeu la margarina/mantega en una cassola. Afegiu tots els ingredients restants de la salsa blanca i barregeu-ho a foc mitjà fins que quedi espess i cremós. Per deixar de banda.
- Escalfeu l'oli en una paella antiadherent. Sofregiu la ceba, els bitxos verds i el gingebre a foc mitjà durant 2-3 minuts.
- Afegiu-hi la carbassa i la sal. Barrejar bé. Tapeu amb una tapa i deixeu-ho coure durant 15-20 minuts a foc mitjà.
- Destapeu i tritureu bé la carbassa de l'ampolla. Afegiu-hi la beixamel i la meitat dels ous batuts. Deixeu-ho uns 20 minuts perquè s'endureixi i s'endureixi.
- Talleu la barreja a costelles.
- Escalfeu l'oli en una cassola. Submergeix cada costella a l'ou batut restant, passa per pa ratllat i sofregim fins que estigui daurat.
- Serviu calent amb chutney de tomàquet dolç

Patra

(Colocasia de fulla de molinet)

Per 20

ingredients

10 fulles de colocasia*

2 cullerades d'oli vegetal refinat

½ culleradeta de llavors de mostassa

1 culleradeta de llavors de sèsam

1 culleradeta de llavors de comí

8 fulles de curri

2 cullerades de fulles de coriandre ben picades

Per a la massa:

250 g/9 oz de besan*

4 cullerades de jaggery*, ratllat

1 culleradeta de pasta de tamarind

½ culleradeta de pasta de gingebre

½ culleradeta de pasta d'all

1 culleradeta de xili en pols

½ culleradeta de cúrcuma

Sal al gust

Mètode

- Barregeu tots els ingredients de la massa per formar una massa espessa.
- Repartiu una capa de massa a cada fulla de colòcòsia per cobrir-la completament.
- Col·loqueu 5 fulles recobertes una damunt de l'altra.
- Doblegueu les fulles 1 polzada de cada cantonada per formar un quadrat. Enrotlla aquest quadrat en un cilindre.
- Repetiu per a les altres 5 fulles.
- Coeu els rotllets al vapor durant uns 20-25 minuts. Reservar per refredar.
- Talleu cada rotllo en forma de molinet. Per deixar de banda.
- Escalfeu l'oli en una cassola. Afegiu-hi la mostassa, les llavors de sèsam, les llavors de comí i les fulles de curri. Deixeu-los crepitar durant 15 segons.
- Aboqueu-lo sobre els molinets.
- Decoreu amb fulles de coriandre. Servir calent.

Nargisi Chicken Kebab

(kebab de pollastre i formatge)

Per 20-25

ingredients

500 g de pollastre, picat

150 g de formatge cheddar ratllat

2 cebes grans, ben picades

1 culleradeta de pasta de gingebre

1 culleradeta de pasta d'all

1 culleradeta de cardamom mòlt

2 culleradetes de garam masala

1 culleradeta de coriandre mòlt

½ culleradeta de cúrcuma

½ culleradeta de xili en pols

Sal al gust

15-20 panses

Oli vegetal refinat per fregir

Mètode

- Barregeu tots els ingredients, excepte les panses i l'oli, fins a obtenir una massa.
- Feu boletes petites. Col·loqueu una panses al centre de cada dumpling.
- Escalfeu l'oli en una paella antiadherent. Fregiu els nyoquis a foc mitjà fins que estiguin daurats. Serviu calent amb chutney de menta

Sev Puris amb cobertura salada

Per a 4 persones

ingredients

24 sev puris*

2 patates, tallades a daus i bullides

1 ceba gran, picada finament

¼ de mango verd verd petit, tallat finament

Chutney agre calent 120 ml

4 cullerades de chutney de menta

1 culleradeta de chaat masala*

Suc d'1 llimona

Sal al gust

150 g / 5½ oz sev*

2 cullerades de fulles de coriandre picades

Mètode

- Col·loqueu els puris en un plat de servir.
- Poseu petites porcions de patates, ceba i mango a cada puri.
- Espolseu el chutney agre i calent i el chutney de menta per sobre de cada puri.
- Espolseu el chaat masala, el suc de llimona i la sal per sobre.
- Decoreu amb sev i fulles de coriandre. Serviu immediatament.

Rotlle especial

Per 4

ingredients

1 culleradeta de llevat

Un polsim de sucre

240 ml / 8 fl oz d'aigua calenta

350 g de farina blanca normal

½ culleradeta de llevat en pols

2 cullerades de mantega

1 ceba gran, picada finament

2 tomàquets, ben picats

30 g de fulles de menta ben picades

200 g d'espinacs, bullits

Paneer 300 g / 10 oz*, tallat a daus

Sal al gust

Pebre negre mòlt al gust

125 g de puré de tomàquet

1 ou, batut

Mètode

- Dissoleu el llevat i el sucre a l'aigua.
- Tamisar la farina i el llevat en pols. Barrejar amb el llevat i pastar fins a obtenir una massa.
- Amb un corró, estireu la massa en 2 xapatis. Per deixar de banda.
- Escalfeu la meitat de la mantega en una cassola. Afegiu la ceba, els tomàquets, les fulles de menta, els espinacs, el paneer, la sal i el pebre negre. Fregir a foc mitjà durant 3 minuts.
- Repartiu-ho per 1 xapat. Aboqueu-hi el puré de tomàquet i cobriu amb els altres xapattis. Segellar els extrems.
- Pinteu els xapatis amb l'ou i la mantega restant.
- Coure al forn a 150ºC (300ºF, Gas Mark 2) durant 10 minuts. Servir calent.

Colocasia fregida

Per a 4 persones

ingredients

500 g de colocasia*

2 cullerades de coriandre mòlt

1 cullerada de comí mòlt

1 cullerada d'amchoor*

2 culleradetes de Besan*

Sal al gust

Oli vegetal refinat per fregir

Chaat Masala*, gust

1 cullerada de fulles de coriandre picades

½ culleradeta de suc de llimona

Mètode

- Bullir la colocasia en una cassola durant 15 minuts a foc lent. Refredar, pelar, tallar longitudinalment i aplanar. Per deixar de banda.
- Barrejar coriandre mòlt, comí mòlt, amchoor, besan i sal. Enrotlleu les peces de colocasia en aquesta barreja. Per deixar de banda.
- Escalfeu l'oli en una cassola. Fregiu la colocasia fins que quedi cruixent i després escorreu-la.
- Espolvorear amb la resta d'ingredients. Servir calent.

Dhal Dosa Mixta

(Crêpe de llenties barrejat)

Rendiments 8-10

ingredients

250 g d'arròs, en remull durant 5-6 hores

100 g / 3½ unces de mung dhal*, remull durant 5-6 hores

100 g de chana dhal*, remull durant 5-6 hores

100 g / 3½ oz d'urad dhal*, remull durant 5-6 hores

2 cullerades de iogurt

½ culleradeta de bicarbonat de sodi

2 cullerades d'oli vegetal refinat més un extra per fregir

Sal al gust

Mètode

- Tritureu l'arròs en mullat i dhal per separat. Barrejar junts. Afegiu el iogurt, el bicarbonat de sodi, l'oli i la sal. Bateu fins que quedi lleuger i esponjós. Deixar de banda durant 3-4 hores.
- Unteu i escalfeu una paella plana. Aboqueu 2 cullerades de massa per sobre i repartiu-les com una crepe. Aboqueu una mica d'oli per les vores. Coure durant 2 minuts. Servir calent.

Pastissos Makkai

(Coques de blat de moro)

Per 12-15

ingredients

4 panotxes de blat de moro fresques

2 cullerades de mantega

750 ml / 1¼ pinta de llet

½ culleradeta de xili en pols

Sal al gust

Pebre negre mòlt al gust

25 g/1 unça de fulles de coriandre escasses, picades

50 g de pa ratllat

Mètode

- Traieu els grans de les panotxes de blat de moro i tritureu-los gruixut.
- Escalfeu la mantega en una cassola i sofregiu el blat de moro mòlt durant 2-3 minuts a foc mitjà. Afegiu la llet i deixeu-ho coure fins que s'assequi.
- Afegiu el xile en pols, la sal, el pebre negre i les fulles de coriandre.
- Afegiu-hi el pa ratllat i barregeu-ho bé. Dividiu la barreja en mandonguilles petites.
- Escalfeu la mantega en una paella antiadherent. Fregiu les mandonguilles fins que estiguin daurades. Serviu calent amb salsa de tomàquet.

Hara Bhara Kebab

(Broqueta de verdures verdes)

Per a 4 persones

ingredients

300 g/10 oz de chana dhal*, remull durant la nit

2 beines de cardamom verd

2,5 cm de canyella

Sal al gust

60 ml d'aigua

200 g d'espinacs, al vapor i picats

½ culleradeta de garam masala

¼ de culleradeta de maça, ratllada

Oli vegetal refinat per fregir poc profund

Mètode

- Escorreu el dhal. Afegiu-hi el cardamom, els claus, la canyella, la sal i l'aigua. Cuini en una cassola a foc mitjà fins que estigui suau. Tritureu fins a obtenir una pasta.
- Afegiu tots els ingredients restants, excepte l'oli. Barrejar bé. Dividiu la barreja en boles de la mida d'una llimona i aplaneu cadascuna en mandonguilles petites.

- Escalfeu l'oli en una paella antiadherent. Fregiu les mandonguilles a foc mitjà fins que estiguin daurades. Serviu calent amb chutney de menta

Peix Pakoda

(Peix fregit en massa)

Per 12

ingredients

300 g de peix desossat, tallat a trossos de 2,5 cm

Sal al gust

2 culleradetes de suc de llimona

3 cullerades d'aigua

250 g/9 oz de besan*

1 culleradeta de pasta d'all

2 bitxos verds, ben picats

1 culleradeta de garam masala

½ culleradeta de cúrcuma

Oli vegetal refinat per fregir

Mètode

- Marinar el peix amb sal i suc de llimona durant 20 minuts.
- Barregeu la resta d'ingredients, excepte l'oli, per obtenir una massa espessa.
- Escalfeu l'oli en una cassola. Submergeix cada tros de peix a la massa i fregim fins que estigui daurat. Escórrer sobre paper absorbent. Servir calent.

Shammi Kebab

(Picada i Gram Kebab de Bengala)

Per 35

ingredients

750 g / 1 lb 10 oz de pollastre, picat

600 g / 1 lliure 5 oz chana dhal*

3 cebes grans, picades

1 culleradeta de pasta de gingebre

1 culleradeta de pasta d'all

2,5 cm de canyella

4 claus

2 beines de cardamom negre

7 grans de pebre

1 culleradeta de comí mòlt

Sal al gust

450 ml / 15 fl oz d'aigua

2 ous batuts

Oli vegetal refinat per fregir

Mètode

- Barregeu tots els ingredients, excepte els ous i l'oli. Bullir en una cassola fins que s'evapori tota l'aigua. Tritureu fins a obtenir una pasta espessa.
- Afegiu els ous a la pasta. Barrejar bé. Dividiu la barreja en 35 mandonguilles.
- Escalfeu l'oli en una paella antiadherent. Fregiu les mandonguilles a foc lent fins que estiguin daurades.
- Serviu calent amb chutney de menta

Dhokla bàsic

(Pastís bàsic al vapor)

Són els 18-20

ingredients

250 g d'arròs

450 g / 1 lb chana dhal*

60 g de iogurt

¼ culleradeta de bicarbonat de sodi

6 bitxos verds, picats

1 cm d'arrel de gingebre, ratllada

¼ de culleradeta de coriandre mòlt

¼ de culleradeta de comí mòlt

½ culleradeta de cúrcuma

Sal al gust

½ coco ratllat

150 g de fulles de coriandre ben picades

1 cullerada d'oli vegetal refinat

½ culleradeta de llavors de mostassa

Mètode

- Remullar l'arròs i el saltar junts durant 6 hores. Triturar gruixut.
- Afegiu el iogurt i el bicarbonat de sodi. Barrejar bé. Deixeu fermentar la massa durant 6-8 hores.
- Afegiu bitxos verds, gingebre, coriandre mòlt, comí mòlt, cúrcuma i sal a la massa. Barrejar bé.
- Aboqueu-lo en un motlle rodó de 20 cm. Cuini la massa al vapor durant 10 minuts.
- Deixar refredar i tallar a trossos quadrats. Espolvorear amb coco ratllat i fulles de coriandre. Per deixar de banda.
- Escalfeu l'oli en una cassola. Afegiu-hi les llavors de mostassa. Deixeu-los crepitar durant 15 segons.
- Aboqueu-ho sobre els dhoklas. Servir calent.

Vinga

(Crêpe d'arròs i llenties)

Per 12

ingredients

125 g d'arròs

75 g / 2½ oz d'urad dhal*

75 g de chana dhal*

75 g de masoor dhal*

75 g / 2½ oz de mung dhal*

6 bitxos vermells

Sal al gust

240 ml / 8 fl oz d'aigua

Oli vegetal refinat per greixar

Mètode

- Remullar l'arròs amb tot el dhal durant la nit.
- Escorreu la barreja i afegiu-hi els bitxos vermells, sal i aigua. Tritureu fins que estigui suau.
- Unteu i escalfeu una paella plana. Repartiu-hi 3 cullerades de massa. Tapar i coure a foc mitjà durant 2-3 minuts. Gireu i cuini l'altre costat.
- Retirar amb cura amb una espàtula. Repetiu per a la resta de la massa. Servir calent.

Dhokla de dos pisos

(Pastís de dos pisos al vapor)

Per 20

ingredients

500g / 1lb 2oz d'arròs

300 g de mongetes urad*

75 g / 2½ oz d'urad dhal*

75 g de chana dhal*

75 g de masoor dhal*

2 bitxos verds

500 g / 1 lb 2 oz de iogurt

1 culleradeta de xili en pols

½ culleradeta de cúrcuma

Sal al gust

115 g de chutney de menta

Mètode

- Barrejar l'arròs i les mongetes urad. Remullar durant la nit.
- Barreja tot el dhal. Remullar durant la nit.
- Escorreu i tritureu la barreja d'arròs i la barreja dhal per separat. Per deixar de banda.
- Barrejar bitxos verds, iogurt, bitxo en pols, cúrcuma i sal. Afegiu la meitat d'aquesta barreja a la barreja d'arròs i afegiu la resta a la barreja dhal. Deixar fermentar 6 hores.
- Unteu un motlle rodó de 20 cm. Aboqueu-hi la barreja d'arròs. Espolseu la mostassa de menta sobre la barreja d'arròs. Aboqueu sobre la barreja de dhal.
- Cuinar al vapor durant 7-8 minuts. Picar i servir calent.

Ulundu Vada

(Aperitiu fregit en forma de bunyol)

Per 12

ingredients

600 g / 1 lliure 5 oz d'urad dhal*, posar en remull durant la nit i escórrer

4 bitxos verds, ben picats

Sal al gust

3 cullerades d'aigua

Oli vegetal refinat per fregir

Mètode

- Tritureu el dhal amb bitxos verds, sal i aigua.
- Doneu forma a la barreja en bunyols.
- Escalfeu l'oli en una cassola. Afegiu-hi els passats i fregiu-los a foc mitjà fins que estiguin daurats.
- Escórrer sobre paper absorbent. Serviu calent amb chutney de coco

Bhakar Wadi

(Molinet de farina de gram picant)

Per a 4 persones

ingredients

500g / 1lb 2oz de besan*

175 g de farina integral

Sal al gust

Pessic d'asafètida

120 ml / 4 fl oz d'oli vegetal refinat calent més un extra per fregir

100 g de coco dessecat

1 culleradeta de llavors de sèsam

1 culleradeta de llavors de rosella

Un polsim de sucre

1 culleradeta de xili en pols

25 g de fulles de coriandre, ben picades

1 cullerada de pasta de tamarind

Mètode

- Amasseu la besana, la farina, la sal, l'asafètida, l'oli calent i l'aigua suficient fins a obtenir una massa ferma. Per deixar de banda.

- Torra en sec el coco, les llavors de sèsam i les llavors de rosella durant 3-5 minuts. Triturar en pols.
- Afegiu sucre, sal, bitxo en pols, fulles de coriandre i pasta de tamarind a la pols i barregeu bé per fer el farcit. Per deixar de banda.
- Dividiu la massa en boles de la mida d'una llimona. Enrotlleu cadascun en un disc prim.
- Distribuïu el farcit a cada disc de manera que el farcit cobreixi tot el disc. Enrotlleu cadascun en un cilindre ajustat. Segellar les vores amb una mica d'aigua.
- Talleu els cilindres en formes de molinet.
- Escalfeu l'oli en una cassola. Afegiu-hi els rotllets, donant-los la volta i fregiu-los a foc mitjà fins que quedin cruixents.
- Escórrer sobre paper absorbent. Emmagatzemar en un recipient hermètic un cop refredat.

NOTA: Es poden emmagatzemar durant dues setmanes.

Mangalorean Chaat

Per a 4 persones

ingredients

75 g de chana dhal*

240 ml / 8 fl oz d'aigua

Sal al gust

Un pessic generós de bicarbonat de sodi

2 patates grans, ben picades i bullides

350 g de iogurt fresc

2 cullerades de sucre granulat

4 cullerades d'oli vegetal refinat

1 cullerada de fulles de fenogrec seques

1 culleradeta de pasta de gingebre

1 culleradeta de pasta d'all

2 bitxos verds

1 culleradeta de comí mòlt, torrat en sec

1 culleradeta de garam masala

1 cullerada d'amchoor*

1 culleradeta de cúrcuma

½ culleradeta de xili en pols

150 g de cigrons en conserva

1 ceba gran, picada finament

2 cullerades de fulles de coriandre ben picades

Mètode

- Cuini el dhal amb l'aigua, la sal i el bicarbonat de sodi en una cassola a foc mitjà durant 30 minuts. Afegiu més aigua si el dhal se sent massa sec. Barrejar les patates amb la barreja de dhal i reservar.
- Bat el iogurt amb el sucre. Posar al congelador perquè es refredi.
- Escalfeu l'oli en una cassola. Afegiu les fulles de fenigrec i fregiu-les a foc mitjà durant 3-4 minuts.
- Afegiu la pasta de gingebre, la pasta d'all, els bitxos verds, el comí mòlt, el garam masala, el sake, la cúrcuma i el bitxo en pols. Fregir durant 2-3 minuts, remenant constantment.
- Afegiu-hi els cigrons. Daurar durant 5 minuts, remenant constantment. Afegiu la barreja de dhal i barregeu-ho bé.
- Retirar del foc i repartir la barreja en un plat de servir.
- Aboqueu-hi el iogurt dolç.
- Espolvorear amb ceba i fulles de coriandre. Serviu immediatament.

Pani Puri

Per 30

ingredients
Per als purs:

175 g de farina blanca normal

100 g de sèmola

Sal al gust

Oli vegetal refinat per fregir

Per al farcit:

50 g de mongetes mung germinades

150 g de cigrons germinats

Sal al gust

2 patates grans, bullides i triturades

Per al pa:

2 cullerades de pasta de tamarind

100 g de fulles de coriandre ben picades

1 ½ culleradetes de comí mòlt, torrat en sec

2-4 bitxos verds, ben picats

2,5 cm d'arrel de gingebre

Sal gruixuda al gust

240 ml / 8 fl oz d'aigua

Mètode

- Barregeu tots els ingredients puri, excepte l'oli, amb aigua suficient per formar una massa ferma.
- Estireu-los en làmines petites de 5 cm de diàmetre.
- Escalfeu l'oli en una paella antiadherent. Fregiu els puris fins que estiguin daurats. Per deixar de banda.
- Per al farcit, blanqueu les mongetes mungos i els cigrons germinats amb sal. Barrejar amb patates. Per deixar de banda.
- Per al pani, tritureu tots els ingredients del pani, excepte l'aigua.
- Afegiu aquesta barreja a l'aigua. Barrejar bé i reservar.
- Per servir, feu un forat a cada puri i ompliu-lo amb el farcit. Aboqueu 3 cullerades de pa a cadascun i serviu-ho immediatament.

Ou d'espinacs farcit

Per a 4 persones

ingredients

200 g d'espinacs

Una mica de bicarbonat de sodi

1 cullerada d'oli vegetal refinat

1 culleradeta de llavors de comí

6 grans d'all, triturats

2 bitxos verds, mòlts

Sal al gust

8 ous durs, tallats per la meitat longitudinalment

1 cullerada de mantega clarificada

1 ceba, picada finament

Gingebre d'arrel d'1 polzada, picat

Mètode

- Barrejar els espinacs amb el bicarbonat de sodi. Cuina al vapor fins que estigui tendre. Tritureu i reserveu.
- Escalfeu l'oli en una cassola. Quan comenci a fumar, afegiu-hi les llavors de comí, els alls i els bitxos verds. Sofregim uns segons. Afegiu-hi els espinacs al vapor i la sal.
- Cobrir amb una tapa i coure fins que s'assequi. Per deixar de banda.
- Retireu els rovells dels ous. Afegiu els rovells d'ou a la barreja d'espinacs. Barrejar bé.
- Col·loqueu cullerades de la barreja d'ou d'espinacs a les clares buides. Per deixar de banda.
- Escalfeu el ghee en una paella petita. Fregiu la ceba i el gingebre fins que estiguin daurats.
- Espolseu-ho per sobre dels ous. Servir calent.

Sada Dosa

(Crêpe d'arròs salat)

Per 15

ingredients

100 g d'arròs precuit

75 g / 2½ oz d'urad dhal*

½ culleradeta de llavors de fenogrec

½ culleradeta de bicarbonat de sodi

Sal al gust

125 g de iogurt, nata muntada

60 ml / 2 fl oz d'oli vegetal refinat

Mètode

- Remullar l'arròs i el dhal juntament amb les llavors de fenogrec durant 7-8 hores.
- Escorreu i tritureu la barreja fins a obtenir una pasta granulosa.
- Afegiu el bicarbonat de sodi i la sal. Barrejar bé.
- Deixar fermentar durant 8-10 hores.
- Afegiu iogurt per fer la massa. Aquesta massa ha de ser prou espessa per cobrir una cullera. Afegiu-hi una mica d'aigua si cal. Per deixar de banda.

- Unteu i escalfeu una paella plana. Repartiu-hi una cullerada de massa per a formar una crepe fina. Aboqueu-hi 1 culleradeta d'oli. Cuini fins que estigui cruixent. Repetiu per a la resta de la massa i serviu calent.

Samosa de patata

(Patata salada)

Per 20

ingredients

175 g de farina blanca normal

Pessic de sal

5 cullerades d'oli vegetal refinat més extra per fregir

100 ml / 3½ fl oz d'aigua

1 cm d'arrel de gingebre, ratllada

2 bitxos verds, ben picats

2 grans d'all, ben picats

½ culleradeta de coriandre mòlt

1 ceba gran, picada finament

2 patates grans, bullides i triturades

1 cullerada de fulles de coriandre ben picades

1 cullerada de suc de llimona

½ culleradeta de cúrcuma

1 culleradeta de xili en pols

½ culleradeta de garam masala

Sal al gust

Mètode

- Barregeu la farina amb la sal, 2 cullerades d'oli i l'aigua. Pastar fins a obtenir una massa flexible. Cobrir amb un drap humit i reservar durant 15-20 minuts.
- Torneu a amassar la massa. Cobrir amb un drap humit i reservar.
- Per al farcit, escalfeu 3 cullerades d'oli en una paella antiadherent. Afegiu el gingebre, els bitxos verds, l'all i el coriandre mòlt. Fregiu durant un minut a foc mitjà, remenant constantment.
- Afegiu la ceba i sofregiu fins que estigui daurada.
- Afegiu patates, fulles de coriandre, suc de llimona, cúrcuma, bitxo en pols, garam masala i sal. Barrejar bé.
- Cuini a foc lent durant 4 minuts, remenant de tant en tant. Per deixar de banda.
- Per fer samoses, dividiu la massa en 10 boles. Estirar en discos de 12 cm de diàmetre. Talla cada disc en 2 mitges llunes.
- Passeu un dit humit al llarg del diàmetre d'una mitja lluna. Ajunta els extrems per formar un con.
- Col·loqueu una cullerada de farciment al con i segelleu prement les vores juntes. Repetiu per a totes les mitges llunes.
- Escalfeu l'oli en una paella antiadherent. Fregiu les samoses, cinc a la vegada, a foc lent fins que estiguin daurades. Escórrer sobre paper absorbent.
- Serviu calent amb chutney de menta

Kachori calent

(Bouletes fregides amb farciment de llenties)

Per 15

ingredients

250 g de farina blanca normal més 1 cullerada per a la massa

5 cullerades d'oli vegetal refinat més extra per fregir

Sal al gust

1,4 litres d'aigua més 1 cullerada per pedaçar

300 g/10 oz de mung dhal*, remull durant 30 minuts

½ culleradeta de coriandre mòlt

½ culleradeta de fonoll mòlt

½ culleradeta de llavors de comí

½ culleradeta de llavors de mostassa

2-3 pessics d'asafètida

1 culleradeta de garam masala

1 culleradeta de xili en pols

Mètode

- Barrejar 250 g de farina amb 3 cullerades d'oli, sal i 100 ml d'aigua. Pastar fins a obtenir una massa suau i flexible. Deixar de banda durant 30 minuts.
- Per fer el farcit, coure el dhal amb l'aigua restant en una cassola a foc mitjà durant 45 minuts. Escórrer i reservar.
- Escalfeu 2 cullerades d'oli en una cassola. Quan comenci a fumar, afegiu-hi el coriandre mòlt, el fonoll, les llavors de comí, les llavors de mostassa, l'asafètida, el garam masala, el bitxo en pols i la sal. Deixeu-los crepitar durant 30 segons.
- Afegiu el dhal cuit. Barrejar bé i fregir durant 2-3 minuts, remenant constantment.
- Refredar la barreja de dhal i dividir-la en 15 boles de la mida d'una llimona. Per deixar de banda.
- Barregeu 1 cullerada de farina amb 1 cullerada d'aigua per fer una pasta de pegat. Per deixar de banda.
- Dividiu la massa en 15 boles. Estirar en discs de 12 cm de diàmetre.
- Col·loqueu 1 bola de farciment al centre d'un disc. Segells com una bossa.
- Aplaneu-lo lleugerament pressionant-lo entre els palmells. Repetiu per als discos restants.
- Escalfeu l'oli en una cassola fins que comenci a fumar. Fregiu els discos fins que estiguin daurats per la part inferior. Gira i repeteix.
- Si un kachori es trenca mentre es fregeix, segelleu-lo amb pasta de pegat.
- Escórrer sobre paper absorbent. Serviu calent amb chutney de menta

Khandvi

(Besan Roll-Up)

Per 10-15

ingredients

60 g / 2 oz de besan*

60 g de iogurt

120 ml d'aigua

1 culleradeta de cúrcuma

Sal al gust

5 cullerades d'oli vegetal refinat

1 cullerada de coco fresc, ratllat

1 cullerada de fulles de coriandre ben picades

½ culleradeta de llavors de mostassa

2 pessics d'asafètida

8 fulles de curri

2 bitxos verds, ben picats

1 culleradeta de llavors de sèsam

Mètode

- Barrejar besan, iogurt, aigua, cúrcuma i sal.
- Escalfeu 4 cullerades d'oli en una paella antiadherent. Afegiu la barreja de besanes i cuini, remenant constantment per assegurar-vos que no es formin grumolls.
- Cuini fins que la barreja surti dels costats de la paella. Per deixar de banda.
- Unteu dues paelles antiadherents de 15 × 35 cm / 6 × 14 polzades. Aboqueu la barreja de besanes i suavitzeu amb una espàtula. Deixar reposar 10 minuts.
- Talleu la barreja a tires de 5 cm d'ample. Enrotlleu amb cura cada tira.
- Col·loqueu els rotllos en un plat de servir. Espolseu-hi fulles de coco ratllat i coriandre per sobre. Per deixar de banda.
- Escalfeu 1 cullerada d'oli en una cassola petita. Afegiu llavors de mostassa, asafètida, fulles de curri, bitxos verds i llavors de sèsam. Deixeu-los crepitar durant 15 segons.
- Immediatament aboqueu-lo sobre els rotllos de besanes. Serviu calent o a temperatura ambient.

Plaça Meca

(quadrats de blat de moro)

Per 12

ingredients

2 culleradetes de ghee

100 g de grans de blat de moro, mòlts

Sal al gust

125 g de pèsols bullits

3 cullerades d'oli vegetal refinat

8 bitxos verds, ben picats

½ culleradeta de llavors de comí

½ culleradeta de llavors de mostassa

½ culleradeta de pasta d'all

½ cullerada de coriandre mòlt

½ cullerada de comí mòlt

175 g de farina de blat de moro

175 g de farina integral

150 ml d'aigua

Mètode

- Escalfeu el ghee en una cassola. Un cop comenci a fumar, sofregiu el blat de moro durant 3 minuts. Per deixar de banda.
- Saleu els pèsols bullits. Tritureu bé els pèsols. Per deixar de banda.
- Escalfeu 2 cullerades d'oli en una paella antiadherent. Afegiu bitxos verds, comí i llavors de mostassa. Deixeu-los crepitar durant 15 segons.
- Afegiu-hi el blat de moro fregit, el puré de pèsols, la pasta d'all, el coriandre mòlt i el comí mòlt. Barrejar bé. Retirar del foc i reservar.
- Barrejar les dues farines juntes. Afegiu-hi la sal i 1 cullerada d'oli. Afegiu-hi l'aigua i pasteu fins a obtenir una massa suau.
- Estireu 24 formes quadrades, cadascuna mesura 10x10 cm / 4x4 polzades.
- Col·loqueu la barreja de blat de moro i pèsols al centre d'un quadrat i cobreixi amb un altre quadrat. Premeu suaument les vores del quadrat per segellar.
- Repetiu per a la resta de quadrats.
- Unteu i escalfeu una paella. Escalfar els quadrats en una paella fins que estiguin daurats.
- Serviu calent amb salsa de tomàquet.

Dhal Pakwan

(Pa cruixent amb llenties)

Per a 4 persones

ingredients

600 g / 1 lliure 5 oz chana dhal*

3 cullerades d'oli vegetal refinat

1 culleradeta de llavors de comí

750 ml / 1¼ pinta d'aigua

Sal al gust

½ culleradeta de cúrcuma

½ culleradeta d'amchoor*

10 g de fulles de coriandre ben picades

Per al pakwan:

250 g de farina blanca normal

½ culleradeta de llavors de comí

Sal al gust

Oli vegetal refinat per fregir

Mètode

- Remullar el chana dhal durant 4 hores. Escórrer i reservar.
- Escalfeu l'oli en una cassola. Afegiu les llavors de comí. Deixeu-los crepitar durant 15 segons.
- Afegiu el dhal remullat, l'aigua, la sal i la cúrcuma. Bullir durant 30 minuts.
- Transferir a un plat de servir. Espolvorear amb amboor i fulles de coriandre. Per deixar de banda.
- Barregeu tots els ingredients del pakwan, excepte l'oli, amb aigua suficient per fer una massa ferma.
- Dividiu-les en boles de la mida d'una nou. Estireu en discos gruixuts de 10 cm de diàmetre. Punxeu-ho tot amb una forquilla.
- Escalfeu l'oli en una paella antiadherent. Fregiu els discos fins que estiguin daurats. Escórrer sobre paper absorbent.
- Serviu els pakwans amb dhal calent.

Sev picant

(Focs de farina de gram picant)

Per a 4 persones

ingredients

500g / 1lb 2oz de besan*

1 culleradeta de llavors d'ajowan

1 cullerada d'oli vegetal refinat més extra per fregir

¼ de culleradeta d'asafètida

Sal al gust

200 ml / 7 fl oz d'aigua

Mètode

- Amasseu el besan amb llavors d'ajowan, oli, asafètida, sal i aigua en una massa enganxosa.
- Col·loqueu la massa en una pastissera.
- Escalfeu l'oli en una cassola. Premeu la massa a través del broquet de fideus a la paella i fregiu-la lleugerament pels dos costats.
- Escórrer bé i refredar abans de guardar.

NOTA: *Això es pot emmagatzemar durant dues setmanes.*

Mitjanes mitjanes vegetarianes farcides

Per a 6

ingredients

350 g de farina blanca normal

6 cullerades d'oli vegetal refinat calent més un extra per fregir

Sal al gust

1 tomàquet, tallat a rodanxes

Per al farcit:

3 cullerades d'oli vegetal refinat

200 g de pèsols

1 pastanaga, tallada en juliana

100 g de mongetes verdes franceses, tallades a tires fines

4 cullerades de coco fresc, ratllat

3 bitxos verds

Gingebre d'arrel d'1 polzada, picat

4 culleradetes de fulles de coriandre, ben picades

2 culleradetes de sucre

2 culleradetes de suc de llimona

Sal al gust

Mètode

- Primer prepareu el farcit. Escalfeu l'oli en una cassola. Afegiu-hi els pèsols, la pastanaga i les mongetes verdes i sofregiu-los sense parar de remenar fins que estiguin tendres.
- Afegiu tots els ingredients restants per al farcit i barregeu-ho bé. Per deixar de banda.
- Barrejar la farina amb l'oli i la sal. Pastar fins a obtenir una massa ferma.
- Dividiu la massa en 6 boles de la mida d'una llimona.
- Enrotlleu cada bola en un disc de 10 cm de diàmetre.
- Col·loqueu el farcit de verdures a la meitat d'un disc. Doblegueu l'altra meitat per cobrir el farcit i premeu les vores junts per segellar.
- Repetiu per a tots els discos.
- Escalfeu l'oli en una cassola. Afegiu les llunes i fregiu fins que estiguin daurades.
- Col·loqueu-los en un plat rodó i guarniu-los amb les rodanxes de tomàquet. Serviu immediatament.

Kachori Usal

(Pa fregit amb cigrons)

Per a 4 persones

ingredients
Per a la pastisseria:

50 g de fulles de fenogrec, ben picades

175 g de farina integral

2 bitxos verds, ben picats

1 cullerada de pasta de gingebre

¼ cullerada de cúrcuma

100 ml / 3½ fl oz d'aigua

Sal al gust

Per al farcit:

1 cullerada d'oli vegetal refinat

250 g de mongetes mung, bullides

250 g de cigrons verds, bullits

¼ cullerada de cúrcuma

½ cullerada de xili en pols

1 culleradeta de coriandre mòlt

1 culleradeta de comí mòlt

Sal al gust

Per a la salsa:

2 culleradetes d'oli vegetal refinat

2 cebes grans, ben picades

2 tomàquets, picats

1 culleradeta de pasta d'all

½ culleradeta de garam masala

¼ de culleradeta de xili en pols

Sal al gust

Mètode

- Barregeu tots els ingredients de la pastisseria. Pastar fins a obtenir una massa compacta. Per deixar de banda.
- Per al farcit, escalfeu l'oli en una paella i daureu tots els ingredients del farcit a foc mitjà durant 5 minuts. Per deixar de banda.
- Per a la salsa, escalfeu l'oli en una paella antiadherent. Afegiu tots els ingredients de la salsa. Fregir durant 5 minuts, remenant de tant en tant. Per deixar de banda.
- Dividiu la massa en 8 porcions. Estireu cada porció en un disc de 10 cm de diàmetre.
- Col·loqueu una mica de farcit al centre d'un disc. Segellar com una bossa i allisar per formar una bola plena. Repetiu per a tots els discos.

- Cuina les boles al vapor durant 15 minuts.
- Afegiu les boles a la salsa i remeneu-les. Coure a foc lent durant 5 minuts.
- Servir calent.

Dhal Dhokli

(aperitiu salat de gujarati)

Per a 4 persones

ingredients
Per al dhokli:

175 g de farina integral

Un polsim de cúrcuma

¼ de culleradeta de xili en pols

½ culleradeta de llavors d'ajowan

1 culleradeta d'oli vegetal refinat

100 ml / 3½ fl oz d'aigua

Per al dhal:

2 cullerades d'oli vegetal refinat

3-4 claus

5 cm de canyella

1 culleradeta de llavors de mostassa

300 g / 10 oz masoor dhal*, cuit i puré

½ culleradeta de cúrcuma

Pessic d'asafètida

1 cullerada de pasta de tamarind

2 cullerades de jaggery ratllat*

60 g de cacauets

1 culleradeta de coriandre mòlt

1 culleradeta de comí mòlt

½ culleradeta de xili en pols

Sal al gust

25 g de fulles de coriandre, ben picades

Mètode

- Barregeu tots els ingredients dhokli junts. Pastar fins que es formi una massa compacta.
- Dividiu la massa en 5-6 boles. Estireu-los en discos gruixuts de 6 cm de diàmetre. Deixar endurir durant 10 minuts.
- Talleu els discos dhokli a trossos amb forma de diamant. Per deixar de banda.
- Per al dhal, escalfeu l'oli en una cassola. Afegiu-hi els claus, la canyella i les llavors de mostassa. Deixeu-los crepitar durant 15 segons.
- Afegiu tots els altres ingredients dhal, excepte les fulles de coriandre. Barrejar bé. Cuini a foc fort fins que el dhal comenci a bullir.
- Afegiu els trossos de dhokli al dhal bullint. Continueu cuinant a foc lent durant 10 minuts.
- Decoreu amb fulles de coriandre. Servir calent.

Misal

(Snack de mongetes germinades saludables)

Per a 4 persones

ingredients

3-4 cullerades d'oli vegetal refinat

½ culleradeta de llavors de mostassa

¼ de culleradeta d'asafètida

6 fulles de curri

1 culleradeta de pasta de gingebre

1 culleradeta de pasta d'all

25 g/1 unça de fulles de coriandre escasses, mòltes en una batedora

1 culleradeta de xili en pols

1 culleradeta de pasta de tamarind

2 culleradetes de jaggery ratllat*

Sal al gust

300 g de mongetes mung germinades, bullides

2 patates grans, tallades a daus i bullides

500 ml / 16 fl oz d'aigua

Bombay Mix 300 g / 10 oz*

1 tomàquet gran, picat finament

1 ceba gran, picada finament

25 g de fulles de coriandre, ben picades

4 llesques de pa

Per a la barreja d'espècies:

1 culleradeta de llavors de comí

2 cullleradetes de llavors de coriandre

2 claus

3 grans de pebre

¼ de cullleradeta de canyella mòlta

Mètode

- Tritureu tots els ingredients de la barreja d'espècies junts. Per deixar de banda.
- Escalfeu l'oli en una cassola. Afegiu llavors de mostassa, asafètida i fulles de curri. Deixeu-los crepitar durant 2-3 minuts.
- Afegiu-hi la pasta de gingebre, la pasta d'all, les fulles de coriandre mòltes, el bitxo en pols, la pasta de tamarind, el jaggery i la sal. Barrejar bé i coure durant 3-4 minuts.
- Afegiu la barreja d'espècies mòltes. Daurar durant 2-3 minuts.
- Afegiu les mongetes germinades, les patates i l'aigua. Barrejar bé i coure a foc lent durant 15 minuts.
- Transferiu a un bol de servir i espolseu la Bombay Mix, el tomàquet picat, la ceba picada i les fulles de coriandre per sobre.
- Serviu calent amb una llesca de pa al costat.

Pandori

(Mung Dhal Snack)

Per 12

ingredients

1 bitxo verd, tallat per la meitat longitudinalment

Sal al gust

1 culleradeta de bicarbonat de sodi

¼ de culleradeta d'asafètida

250 g de dhal mung sencer*, remull durant 4 hores

2 culleradetes d'oli vegetal refinat

2 culleradetes de fulles de coriandre, ben picades

Mètode

- Afegiu el bitxo verd, la sal, el bicarbonat de sodi i l'asafètida al dhal. Tritureu fins a obtenir una pasta.
- Unteu amb oli un motlle rodona de 20 cm i aboqueu-hi la pasta dhal. Cuinar al vapor durant 10 minuts.
- Deixeu de banda la barreja de dhal al vapor durant 10 minuts. Un cop fred, talleu-lo a trossos d'1 polzada.
- Decoreu amb fulles de coriandre. Serviu calent amb chutney de coco verd

Adai de verdures

(Crêpe de verdures, arròs i llenties)

Per a 8

ingredients

100 g d'arròs precuit

150 g de masoor dhal*

75 g / 2½ oz d'urad dhal*

3-4 bitxos vermells

¼ de culleradeta d'asafètida

Sal al gust

4 cullerades d'aigua

1 ceba, picada finament

½ pastanaga, picada finament

50 g de col,

4-5 fulles de curri ben picades

10 g de fulles de coriandre ben picades

4 culleradetes d'oli vegetal refinat

Mètode

- Remullar l'arròs i el dhal junts durant uns 20 minuts.
- Escorreu i afegiu-hi els bitxos vermells, l'asafètida, la sal i l'aigua. Tritureu fins obtenir una pasta gruixuda.
- Afegiu-hi la ceba, la pastanaga, la col, les fulles de curri i les fulles de coriandre. Barregeu bé per obtenir una massa amb una consistència semblant a la de la pasta de bescuit. Afegiu més aigua si la consistència no és correcta.
- Unteu una paella plana. Aboqueu una cullerada de massa. Repartiu amb el dors d'una cullera fins a obtenir una crepe fina.
- Aboqueu mitja culleradeta d'oli al voltant de la crepe. Gireu per coure per les dues cares.
- Repetiu per a la resta de la massa. Serviu calent amb chutney de coco

Blat de moro picant a la panotxa

Per a 4 persones

ingredients

8 espigues de blat de moro

Mantega salada al gust

Sal al gust

2 culleradetes de chaat masala*

2 llimones, tallades per la meitat

Mètode

- Rostir les panotxes de blat de moro a una graella de carbó o a foc obert fins que estiguin daurades.
- Frega mantega, sal, chaat masala i llimones a cada panotxa.
- Serviu immediatament.

Costella mixta de verdures

Per 12

ingredients

Sal al gust

¼ de culleradeta de pebre negre mòlt

4-5 patates grans, bullides i triturades

2 cullerades d'oli vegetal refinat més un extra per fregir

1 ceba petita, picada finament

½ culleradeta de garam masala

1 culleradeta de suc de llimona

100 g de verdures mixtes congelades

2-3 bitxos verds, ben picats

50 g de fulles de coriandre ben picades

250 g/9 oz de pols d'arrel d'arrel

150 ml d'aigua

100 g de pa ratllat

Mètode

- Afegiu sal i pebre negre a les patates. Barrejar bé i dividir en 12 boles. Per deixar de banda.
- Per al farcit, escalfeu 2 cullerades d'oli en una paella antiadherent. Fregiu la ceba a foc mitjà fins que estigui translúcid.
- Afegiu garam masala, suc de llimona, verdures mixtes, bitxos verds i fulles de coriandre. Barrejar bé i coure a foc mitjà durant 2-3 minuts. Aixafar bé i reservar.
- Aplaneu les boles de patata amb les palmes untades.
- Col·loqueu una mica de barreja de farciment a cada pastís de patata. Segellar per fer costelles de forma oblonga. Per deixar de banda.
- Barregeu la pols d'arrel amb prou aigua per formar una massa fina.
- Escalfeu l'oli en una paella antiadherent. Submergiu les costelles a la massa, enrotlleu-les amb pa ratllat i fregiu-les a foc mitjà fins que estiguin daurades.
- Escórrer i servir calent.

Idli Upma

(Aperitiu de pastís d'arròs al vapor)

Per a 4 persones

ingredients

5 cullerades d'oli vegetal refinat

½ culleradeta de llavors de mostassa

½ culleradeta de llavors de comí

1 culleradeta d'urad dhal*

2 bitxos verds, tallats al llarg

8 fulles de curri

Pessic d'asafètida

¼ culleradeta de cúrcuma

8 idlis aplanats

2 culleradetes de sucre granulat

1 cullerada de fulles de coriandre ben picades

Sal al gust

Mètode

- Escalfeu l'oli en una cassola. Afegiu llavors de mostassa, llavors de comí, urad dhal, bitxos verds, fulles de curri, asafoetida i cúrcuma. Deixeu-los crepitar durant 30 segons.
- Afegiu-hi els idlis picats, el sucre granulat, el coriandre i la sal. Barrejar suaument.
- Serviu immediatament.

Dhal Bhajiya

(Mandonguilles de llenties fregides a la massa)

Per 15

ingredients

250 / 9 oz mung dhal*, en remull durant 2-3 hores

2 bitxos verds, ben picats

2 cullerades de fulles de coriandre ben picades

1 culleradeta de llavors de comí

Sal al gust

Oli vegetal refinat per fregir

Mètode

- Escorreu el dhal i tritureu-ho gruixut.
- Afegiu els bitxos, les fulles de coriandre, les llavors de comí i la sal. Barrejar bé.
- Escalfeu l'oli en una paella antiadherent. Afegiu petites porcions de la barreja de dhal i fregiu a foc mitjà fins que estigui daurat.
- Serviu calent amb chutney de menta

Masala Papad

(Poppadoms condimentats amb espècies)

Per a 8

ingredients

2 tomàquets, ben picats

2 cebes grans, ben picades

3 bitxos verds, ben picats

10 g de fulles de coriandre picades

2 culleradetes de suc de llimona

1 culleradeta de chaat masala*

Sal al gust

8 poppadoms

Mètode

- Barregeu tots els ingredients, excepte les roselles, en un bol.
- Rostir les roselles a foc fort, girant-les per cada costat. Assegureu-vos de no cremar-los.
- Repartiu la barreja de verdures sobre cada rosella. Serviu immediatament.

Entrepà de verdures

Per a 6

ingredients

12 llesques de pa

50 g de mantega

100 g de chutney de menta

1 patata gran, bullida i tallada a rodanxes fines

1 tomàquet, tallat a rodanxes fines

1 ceba gran, tallada a rodanxes fines

1 cogombre, tallat a rodanxes fines

Chaat Masala*gust

Sal al gust

Mètode

- Unteu les llesques de pa i apliqueu-hi una fina capa de mostassa a la menta.
- Col·loqueu una capa de rodanxes de patata, tomàquet, ceba i cogombre sobre 6 llesques de pa.
- Espolvorear amb una mica de chaat masala i sal.
- Cobriu amb les llesques de pa restants i talleu-les com vulgueu. Serviu immediatament.

Rotllets de mongetes verdes germinades

Per a 8

ingredients

175 g de farina integral

2 cullerades de farina blanca natural

½ culleradeta de sucre granulat

75 ml d'aigua

50 g de pèsols congelats

25 g / 1 oz de mongetes mung germinades

2 cullerades d'oli vegetal refinat

50 g d'espinacs, ben picats

1 tomàquet petit, tallat finament

1 ceba petita, picada finament

30 g de fulles de col tallades fines

1 culleradeta de comí mòlt

1 culleradeta de coriandre mòlt

¼ culleradeta de pasta de gingebre

¼ culleradeta de pasta d'all

60 ml de nata

Sal al gust

750 g de iogurt de 10 oz

Mètode

- Barregeu la farina integral, la farina blanca, el sucre i l'aigua. Pastar fins a obtenir una massa ferma. Per deixar de banda.
- Bulliu els pèsols i les mongetes mung amb aigua mínima. Escórrer i reservar.
- Escalfeu l'oli en una cassola. Afegiu-hi els espinacs, el tomàquet, la ceba i la col. Fregir, remenant de tant en tant, fins que el tomàquet esdevingui carnós.
- Afegiu la barreja de pèsols i mongetes mungo juntament amb tots els ingredients restants excepte la massa. Coure a foc mitjà fins que s'assequi. Per deixar de banda.
- Feu xapatis prims amb la massa.
- A un costat de cada xapatti, col·loqueu la barreja cuita longitudinalment al centre i enrotlleu. Serviu amb chutney de menta i iogurt.

Entrepà de Chutney

Per a 6

ingredients

12 llesques de pa

½ culleradeta de mantega

6 cullerades de chutney de menta

4 tomàquets, tallats a rodanxes

Mètode

- Mantega totes les llesques de pa. Repartiu el chutney de menta en 6 llesques.
- Col·loqueu els tomàquets a sobre del chutney de menta i cobriu-los amb una altra rodanxa untada amb mantega. Serviu immediatament.

Chatpata Gobhi

(Snack de coliflor picant)

Per a 4 persones

ingredients

500 g de floretes de coliflor

Sal al gust

1 culleradeta de pebre negre mòlt

1 cullerada d'oli vegetal refinat

1 cullerada de suc de llimona

Mètode

- Cuina les floretes de coliflor al vapor durant 10 minuts. Reservar per refredar.
- Barregeu bé les floretes al vapor amb la resta d'ingredients. Escampeu la coliflor en una safata de forn ignífuga i a la graella durant 5-7 minuts o fins que estigui daurada. Servir calent.

Sabudana Vada

(colleta de sagú)

Per 12

ingredients

300 g de sagú

125 g de cacauets, torrats i aixafats

2 patates grans, bullides i triturades

5 bitxos verds, triturats

Sal al gust

Oli vegetal refinat per fregir

Mètode

- Remullar el sagú durant 5 hores. Escorreu bé i deixeu-ho reposar 3-4 hores.
- Barregeu el sagú amb tots els ingredients, excepte l'oli. Barrejar bé.
- Unteu els palmells i feu dotze mandonguilles amb la barreja.
- Escalfeu l'oli en una paella antiadherent. Fregiu 3-4 pastissets alhora a foc mitjà fins que estiguin daurats.
- Escórrer sobre paper absorbent. Serviu calent amb chutney de menta.

Pa upma

(aperitiu de pa)

Per a 4 persones

ingredients

2 cullerades d'oli vegetal refinat

½ culleradeta de llavors de mostassa

½ culleradeta de llavors de comí

3 bitxos verds, tallats al llarg

½ culleradeta de cúrcuma

¼ de culleradeta d'asafètida

2 cebes, ben picades

2 tomàquets, ben picats

Sal al gust

2 culleradetes de sucre

3-4 cullerades d'aigua

15 llesques de pa, tallades a trossos

1 cullerada de fulles de coriandre picades

Mètode

- Escalfeu l'oli en una paella antiadherent. Afegiu llavors de mostassa, llavors de comí, bitxos verds, cúrcuma i asafètida. Deixeu-los crepitar durant 15 segons.
- Afegiu les cebes i sofregiu fins que estiguin translúcids. Afegiu-hi els tomàquets, la sal, el sucre i l'aigua. Porteu a ebullició a foc mitjà.
- Afegiu el pa i barregeu-ho bé. Cuini a foc lent durant 2-3 minuts, remenant de tant en tant.
- Decoreu amb fulles de coriandre. Servir calent.

Khaja picant

(Bouletes de farina picants amb gingebre)

Rendiments 25-30

ingredients

500g / 1lb 2oz de besan*

85 g de farina blanca normal

2 culleradetes de xili en pols

½ culleradeta de llavors d'ajowan

½ culleradeta de llavors de comí

1 cullerada de fulles de coriandre picades

Sal al gust

200 ml / 7 fl oz d'aigua

1 cullerada d'oli vegetal refinat més extra per fregir

Mètode

- Barregeu tots els ingredients, excepte l'oli de fregir, fins a obtenir una massa suau.

- Feu 25-30 boles de 10 cm de diàmetre. Punxeu-ho tot amb una forquilla.

- Deixar assecar sobre un drap net durant 25-30 minuts.

- Fregir fins que estigui daurat. Escórrer, refredar i guardar fins a 15 dies.

Patates cruixents

Per a 4 persones

ingredients

500 g / 1 lb 2 oz de iogurt grec

1 culleradeta de pasta de gingebre

1 culleradeta de pasta d'all

1 culleradeta de garam masala

1 culleradeta de comí mòlt, torrat en sec

1 cullerada de fulles de menta picades

½ cullerada de fulles de coriandre picades

Sal al gust

2 cullerades d'oli vegetal refinat

4-5 patates, pelades i tallades a juliana

Mètode

- Batre el iogurt en un bol. Afegiu tots els ingredients, excepte l'oli i les patates. Barrejar bé.

- Marinar les patates amb el iogurt durant 3-4 hores a la nevera.

- Aboqueu l'oli en una paella a la planxa i poseu-hi les patates marinades.

- Grill durant 10 minuts. Gireu les patates i feu-les a la planxa durant 8-10 minuts més fins que estiguin cruixents. Servir calent.

Dhal Vada

(Mandonguilles de llenties fregides barrejades)

Per 15

ingredients

300 g / 10 oz dhal de masoor sencer*

150 g de masoor dhal*

1 ceba gran, picada finament

2,5 cm d'arrel de gingebre, picat finament

3 bitxos verds, ben picats

¼ de cullerada d'asafètida

Sal al gust

Oli vegetal refinat per fregir

Mètode

- Barregeu el dhal junts. Posar en un colador i abocar una mica d'aigua. Deixar de banda una hora. Assecar amb una tovallola.

- Tritureu el dhal en una pasta. Afegiu tots els ingredients restants, excepte l'oli. Barrejar bé i donar forma a mandonguilles a la barreja.

- Escalfeu l'oli en una paella antiadherent. Fregiu les mandonguilles a foc mitjà fins que estiguin daurades. Serviu calent amb chutney de menta

Bunyols de plàtan picants

Per a 4 persones

ingredients

4 plàtans verds

125 g / 4½ oz de Besan*

75 ml d'aigua

½ culleradeta de xili en pols

¼ culleradeta de cúrcuma

½ culleradeta d'amchoor*

Sal al gust

Oli vegetal refinat per fregir

Mètode

- Coure els plàtans amb la seva pell durant 7-8 minuts. Pelar i tallar. Per deixar de banda.

- Barregeu tots els ingredients restants, excepte l'oli, per formar una massa espessa. Per deixar de banda.

- Escalfeu l'oli en una paella antiadherent. Submergeix les rodanxes de plàtan a la massa i fregim a foc mitjà fins que estiguin daurades.

- Serviu calent amb chutney de menta

Masala Dosa

(Crêpe amb farciment de patata picant)

Són les 10-12

ingredients

2 cullerades d'oli vegetal refinat

½ cullerada d'urad dhal*

½ culleradeta de llavors de comí

½ culleradeta de llavors de mostassa

2 cebes grans, tallades a rodanxes fines

¼ culleradeta de cúrcuma

Sal al gust

2 patates grans, bullides i picades

1 cullerada de fulles de coriandre picades

Sada dosa fresca

Mètode

- Escalfeu l'oli en una cassola. Afegiu l'urad dhal, el comí i les llavors de mostassa. Deixeu-los crepitar durant 15 segons. Afegiu les cebes i sofregiu-les fins que estiguin translúcids.

- Afegiu-hi la cúrcuma, la sal, les patates i les fulles de coriandre. Barrejar bé i retirar del foc.

- Col·loqueu una cullerada d'aquesta barreja de patates al centre de cada sada dosa.

- Doblegueu en un triangle per cobrir la barreja de patates. Serviu calent amb chutney de coco

Kebab de soja

Per 2

ingredients

500 g / 1 lb 2 unces de nuggets de soja, remullats durant la nit

1 ceba, picada finament

3-4 grans d'all

2,5 cm d'arrel de gingebre

1 culleradeta de suc de llimona

2 culleradetes de fulles de coriandre picades

2 cullerades soperes d'ametlles, remullats i en escates

½ culleradeta de garam masala

½ culleradeta de xili en pols

1 culleradeta de chaat masala*

Oli vegetal refinat per fregir poc profund

Mètode

- Escorreu els nuggets de soja. Afegiu tots els ingredients restants, excepte l'oli. Tritureu-ho en una pasta espessa i refrigereu-ho durant 30 minuts.

- Dividiu la barreja en boles de la mida d'una nou i aixafeu-les.

- Escalfeu l'oli en una paella antiadherent. Afegiu-hi les broquetes i fregiu-les fins que estiguin daurades. Serviu calent amb chutney de menta

Sèmola Idli

(Coca de sèmola)

Per 12

ingredients

4 culleradetes d'oli vegetal refinat

150 g de sèmola

120 ml de crema agra

¼ de culleradeta de llavors de mostassa

¼ culleradeta de llavors de comí

5 bitxos verds, picats

1 cm d'arrel de gingebre, picada

4 cullerades de fulles de coriandre ben picades

Sal al gust

4-5 fulles de curri

Mètode

- Escalfeu 1 culleradeta d'oli en una cassola. Afegim la sèmola i sofregim durant 30 segons. Afegiu la crema agra. Per deixar de banda.

- Escalfeu l'oli restant en una paella antiadherent. Afegiu llavors de mostassa, llavors de comí, bitxos verds, gingebre, fulles de coriandre, sal i fulles de curri. Sofregir durant 2 minuts.

- Afegiu-lo a la barreja de sèmola. Deixar de banda durant 10 minuts.

- Aboqueu la barreja de sèmola als motlles idli o als motlles de cupcakes untats. Cuinar al vapor durant 15 minuts. Retirar dels motlles. Servir calent.

Costella de patata i ou

Per a 4 persones

ingredients

4 ous durs, triturats

2 patates, bullides i triturades

½ culleradeta de pebre negre mòlt

2 xiles verds, picats

1 cm d'arrel de gingebre, ben picada

2 grans d'all, ben picats

½ culleradeta de suc de llimona

Sal al gust

Oli vegetal refinat per fregir poc profund

Mètode

- Barregeu tots els ingredients, excepte l'oli.

- Dividiu-les en boles de la mida d'una nou i premeu per formar costelles.

- Escalfeu l'oli en una cassola. Afegiu-hi les costelles i fregiu-les fins que estiguin daurades.

- Servir calent.

Chivda

(Barreja d'arròs batut)

Per a 4 persones

ingredients

2 cullerades d'oli vegetal refinat

1 culleradeta de llavors de mostassa

½ culleradeta de llavors de comí

½ culleradeta de cúrcuma

8 fulles de curri

750 g / 1 lliure 10 oz poha*

125 g de cacauets

75 g de chana dhal*, rostit

1 cullerada de sucre granulat

Sal al gust

Mètode

- Escalfeu l'oli en una cassola. Afegiu llavors de mostassa, llavors de comí, cúrcuma i fulles de curri. Deixeu-los crepitar durant 15 segons.

- Afegiu-hi tots els ingredients restants i sofregiu-ho durant 4-5 minuts a foc lent.

- Deixar refredar completament. Emmagatzemar en un recipient hermètic.

NOTA:*Es pot emmagatzemar fins a 15 dies.*

Pa de Bhajjia

(pancakes de pa)

Per a 4 persones

ingredients

85 g de farina de blat de moro

1 ceba, picada finament

½ culleradeta de xili en pols

1 culleradeta de coriandre mòlt

Sal al gust

75 ml d'aigua

8 llesques de pa, tallades a quarts

Oli vegetal refinat per fregir

Mètode

- Barregeu tots els ingredients, excepte el pa i l'oli, per obtenir una massa espessa.

- Escalfeu l'oli en una paella antiadherent. Submergeix els trossos de pa a la massa i fregim fins que estiguin daurats.

- Serviu calent amb salsa de tomàquet o chutney de menta.

Ou Masala

Per a 4 persones

ingredients

2 cebes petites, picades

2 xiles verds, picats

2 cullerades d'oli vegetal refinat

1 culleradeta de pasta de gingebre

1 culleradeta de pasta d'all

1 culleradeta de xili en pols

½ culleradeta de cúrcuma

1 culleradeta de coriandre mòlt

1 culleradeta de comí mòlt

½ culleradeta de garam masala

2 tomàquets, ben picats

2 cullerades de besana*

Sal al gust

25 g de fulles de coriandre, ben picades

8 ous, bullits i tallats a la meitat

Mètode

- Tritureu les cebes picades i els bitxos verds junts per fer una pasta gruixuda.

- Escalfeu l'oli en una cassola. Afegiu aquesta pasta juntament amb la pasta de gingebre, la pasta d'all, el xile en pols, la cúrcuma, el coriandre mòlt, el comí mòlt i el garam masala. Barrejar bé i sofregir durant 3 minuts, remenant constantment.

- Afegir els tomàquets i sofregir durant 4 minuts.

- Afegiu besan i sal. Barrejar bé i sofregir un minut més.

- Afegiu les fulles de coriandre i sofregiu-ho durant 2-3 minuts més a foc mitjà.

- Afegiu els ous i barregeu suaument. La masala ha de cobrir bé els ous per tots els costats. Cuini a foc lent durant 3-4 minuts.

- Servir calent.

Pakoda de gambes

(Snack de gambes fregides)

Per a 4 persones

ingredients

250 g de gambes pelades i pelades

Sal al gust

375 g / 13 oz besan*

1 culleradeta de pasta de gingebre

1 culleradeta de pasta d'all

½ culleradeta de cúrcuma

1 culleradeta de garam masala

150 ml d'aigua

Oli vegetal refinat per fregir

Mètode

- Marinar les gambes amb sal durant 20 minuts.
- Afegiu la resta d'ingredients, excepte l'oli.
- Afegiu-hi prou aigua per formar una massa espessa.

- Escalfeu l'oli en una cassola. Afegiu cullerades petites de massa i fregiu a foc mitjà fins que estiguin daurades. Escórrer sobre paper absorbent.
- Serviu calent amb chutney de menta.

Patates fregides de formatge

Per a 6 persones

ingredients

2 cullerades de farina blanca natural

240 ml de llet

4 cullerades de mantega

1 ceba de mida mitjana, picada finament

Sal al gust

150 g de formatge de cabra, escorregut

150 g de formatge cheddar ratllat

12 llesques de pa

2 ous batuts

Mètode

- Barregeu la farina, la llet i 1 culleradeta de mantega en una cassola. Porta a ebullició, tenint cura de que no es formin grumolls. Cuini a foc lent fins que la barreja espesseixi. Per deixar de banda.
- Escalfeu la mantega restant en una cassola. Fregiu la ceba a foc mitjà fins que estigui tova.
- Afegiu la sal, el formatge de cabra, el formatge cheddar i la barreja de farina. Barrejar bé i reservar.
- Unteu les llesques de pa. Repartiu una cullerada de la barreja de formatge sobre 6 llesques i cobriu-les amb les altres 6 llesques.
- Pinteu la part superior d'aquests rotllos amb ou batut.
- Coure al forn preescalfat a 180 °C (350 °F/Gas Mark 6) durant 10-15 minuts fins que estigui daurat. Serviu calent amb salsa de tomàquet.

Mysore Bonda

(Bolla de massa de farina fregida del sud de l'Índia)

Per 12

ingredients

175 g de farina blanca normal

1 ceba petita, picada finament

1 cullerada de farina d'arròs

120 ml de crema agra

Una mica de bicarbonat de sodi

2 cullerades de fulles de coriandre picades

Sal al gust

Oli vegetal refinat per fregir

Mètode

- Prepareu la massa barrejant tots els ingredients, excepte l'oli. Deixar de banda durant 3 hores.
- Escalfeu l'oli en una paella antiadherent. Aboqueu cullerades de massa i fregiu a foc mitjà fins que estiguin daurades. Serviu calent amb salsa de tomàquet.

Radhaballabhi

(Rollets salats de bengalí)

Per 12-15

ingredients

4 cullerades de mung dhal*

4 cullerades de chana dhal*

4 claus

3 beines de cardamom verd

½ culleradeta de llavors de comí

3 cullerades de ghee més extra per fregir

Sal al gust

350 g de farina blanca normal

Mètode

- Remullar els dhals durant la nit. Escorreu l'aigua i tritureu-la en una pasta. Per deixar de banda.
- Tritureu els claus, el cardamom i les llavors de comí junts.
- Escalfeu 1 cullerada de ghee en una paella. Fregiu les espècies mòltes durant 30 segons. Afegiu la pasta dhal i

la sal. Sofregim a foc mitjà fins que s'assequi. Per deixar de banda.

- Barrejar la farina amb 2 cullerades de mantega clarificada, sal i aigua suficient per obtenir una massa compacta. Dividiu-los en boles de la mida d'una llimona. Enrotlleu en discos i col·loqueu petites boles de dhal fregit al centre de cadascun. Segells com una bossa.
- Enrotlleu les bosses en discos gruixuts, cadascun de 10 cm de diàmetre. Per deixar de banda.
- Escalfeu el ghee en una cassola. Fregiu els puris fins que estiguin daurats.
- Escórrer sobre paper absorbent i servir calent.

Medu Vada

(Coques de llenties fregides)

Per a 4 persones

ingredients

300 g/10 oz d'urad dhal*, remull durant 6 hores

Sal al gust

¼ de culleradeta d'asafètida

8 fulles de curri

1 culleradeta de llavors de comí

1 culleradeta de pebre negre mòlt

Verdures refinades per fregir

Mètode

- Escorreu l'urad dhal i tritureu-lo en una pasta espessa i seca.
- Afegiu-hi tots els altres ingredients, excepte l'oli, i barregeu-ho bé.
- Mulla els teus palmells. Feu servir la massa per fer una bola de la mida d'una llimona, aplaneu-la i feu un forat al centre com un bunyol. Repetiu per a la resta de la massa.

- Escalfeu l'oli en una paella antiadherent. Fregiu les passats fins que estiguin daurades.
- Serviu calent amb sambhar.

Truita de tomàquet

Per 10

ingredients

2 tomàquets grans, ben picats

180 g / 6 ½ oz de besana*

85 g de farina integral

2 cullerades de sèmola

1 ceba gran, picada finament

½ culleradeta de pasta de gingebre

½ culleradeta de pasta d'all

¼ culleradeta de cúrcuma

½ culleradeta de xili en pols

1 culleradeta de coriandre mòlt

½ culleradeta de comí mòlt, torrat en sec

25 g/1 unça de fulles de coriandre escasses, picades

Sal al gust

120 ml d'aigua

Verdura refinada per greixar

Mètode

- Barregeu tots els ingredients, excepte l'oli, per obtenir una massa espessa.
- Unteu i escalfeu una paella plana. Repartiu una cullerada de massa per sobre.
- Espolvorear una mica d'oli al voltant de la truita, tapar amb una tapa i coure a foc mitjà durant 2 minuts. Gira i repeteix. Repetiu per a la massa restant.
- Serviu calent amb salsa de tomàquet o chutney de menta

Ou Bhurji

(Ou remenat picant)

Per a 4 persones

ingredients

4 cullerades d'oli vegetal refinat

½ culleradeta de llavors de comí

2 cebes grans, ben picades

8 grans d'all, ben picats

½ culleradeta de cúrcuma

3 bitxos verds, ben picats

2 tomàquets, ben picats

Sal al gust

8 ous, batuts

10 g de fulles de coriandre picades

Mètode

- Escalfeu l'oli en una cassola. Afegiu les llavors de comí. Deixeu-los crepitar durant 15 segons. Afegiu-hi les cebes i fregiu-les a foc mitjà fins que estiguin translúcids.
- Afegiu l'all, la cúrcuma, els bitxos verds i els tomàquets. Sofregir durant 2 minuts. Afegiu-hi els ous i deixeu-ho coure, sense parar de remenar, fins que els ous estiguin fets.
- Decoreu amb fulles de coriandre i serviu calent.

Costella d'ou

Per a 8

ingredients

240 ml / 8 fl oz d'oli vegetal refinat

1 ceba gran, picada finament

1 culleradeta de pasta de gingebre

1 culleradeta de pasta d'all

Sal al gust

½ culleradeta de pebre negre mòlt

2 patates grans, bullides i triturades

8 ous durs, tallats a la meitat

1 ou, batut

100 g de pa ratllat

Mètode

- Escalfeu l'oli en una cassola. Afegiu la ceba, la pasta de gingebre, la pasta d'all, la sal i el pebre negre. Fregiu a foc mitjà fins que estigui daurat.
- Afegiu-hi les patates. Fregir durant 2 minuts.
- Retireu els rovells d'ou i afegiu-los a la barreja de patates. Barrejar bé.
- Ompliu els ous buits amb la barreja de rovell d'ou de patata.
- Submergeu-los a l'ou batut i enrotlleu-los amb pa ratllat. Per deixar de banda.
- Escalfeu l'oli en una paella antiadherent. Fregiu els ous fins que estiguin daurats. Servir calent.

Jhal Mudi

(arròs inflat picant)

Per a 5-6 persones

ingredients

Kurmure 300 g / 10 oz*

1 cogombre, picat finament

125 g de chana bullida*

1 patata gran, bullida i picada finament

125 g de cacauets torrats

1 ceba gran, picada finament

25 g de fulles de coriandre, ben picades

4-5 cullerades d'oli de mostassa

1 cullerada de comí mòlt, torrat en sec

2 cullerades de suc de llimona

Sal al gust

Mètode

- Barregeu tots els ingredients per combinar bé. Serviu immediatament.

Tofu Tikka

Per 15

ingredients

300 g de tofu, tallat a trossos de 5 cm

1 pebrot verd, tallat a daus

1 tomàquet tallat a daus

1 ceba gran, tallada a daus

1 culleradeta de chaat masala*

250 g de iogurt grec

½ culleradeta de garam masala

½ culleradeta de cúrcuma

1 culleradeta de pasta d'all

1 culleradeta de suc de llimona

Sal al gust

1 cullerada d'oli vegetal refinat

Per a la marinada:

25 g/1 unça de fulles de coriandre escasses, mòltes

25 g / escasses fulles de menta d'1 unça, mòltes

Mètode

- Barregeu els ingredients de la marinada. Marinar el tofu amb la barreja durant 30 minuts.
- Grill amb els trossos de pebrot, tomàquet i ceba durant 20 minuts, girant-los de tant en tant.
- Espolvorear chaat masala per sobre. Serviu calent amb chutney de menta

Aloo Kabli

(Barreja de patates picants, cigrons i tamarind)

Per a 4 persones

ingredients

3 patates grans, bullides i tallades a daus

250 g de pèsols blancs*, bullida

1 ceba gran, picada finament

1 bitxo verd, picat finament

2 culleradetes de pasta de tamarind

2 culleradetes de llavors de comí rostides secs, mòltes

10 g de fulles de coriandre picades

Sal al gust

Mètode

- Barregeu tots els ingredients junts en un bol. Premeu lleugerament.
- Servir fred o a temperatura ambient.

Truita Masala

Per a 6

ingredients

8 ous, batuts

1 ceba gran, picada finament

1 tomàquet, picat finament

4 bitxos verds, ben picats

2-3 grans d'all, ben picats

2,5 cm d'arrel de gingebre, picat finament

3 cullerades de fulles de coriandre ben picades

1 culleradeta de chaat masala*

½ culleradeta de cúrcuma

Sal al gust

6 cullerades d'oli vegetal refinat

Mètode

- Barregeu tots els ingredients, excepte l'oli, i barregeu-ho bé.
- Escalfeu una paella i hi repartiu 1 cullerada d'oli. Repartiu-hi una sisena part de la barreja d'ou.
- Quan s'hagi solidificat, gireu la truita i deixeu-ho coure per l'altre costat a foc mitjà.
- Repetiu per a la resta de la massa.
- Serviu calent amb salsa de tomàquet o chutney de menta

Masala de cacauet

Per a 4 persones

ingredients

500 g de cacauets torrats

1 ceba gran, picada finament

3 bitxos verds, ben picats

25 g de fulles de coriandre, ben picades

1 patata gran, bullida i picada

1 culleradeta de chaat masala*

1 cullerada de suc de llimona

Sal al gust

Mètode

- Barregeu tots els ingredients per combinar bé. Serviu immediatament.

Kothmir Wadi

(Boles de coriandre fregides)

Per 20-25

ingredients

100 g de fulles de coriandre ben picades

250 g/9 oz de besan*

45 g de farina d'arròs

3 bitxos verds, ben picats

½ culleradeta de pasta de gingebre

½ culleradeta de pasta d'all

1 cullerada de llavors de sèsam

1 culleradeta de cúrcuma

1 culleradeta de coriandre mòlt

1 culleradeta de sucre

¼ de culleradeta d'asafètida

¼ culleradeta de bicarbonat de sodi

Sal al gust

150 ml d'aigua

Oli vegetal refinat per a un més d'oli per fregir poc profund

Mètode

- En un bol barregem tots els ingredients, excepte l'oli. Afegiu una mica d'aigua per obtenir una massa espessa.
- Untem amb oli un motlle rodona de 20 cm i hi aboquem la massa.
- Cuinar al vapor durant 10-15 minuts. Deixar refredar durant 10 minuts. Talleu la barreja al vapor a trossos quadrats.
- Escalfeu l'oli en una paella antiadherent. Fregiu els trossos fins que estiguin daurats pels dos costats. Servir calent.

Rotllets d'arròs i blat de moro

Per a 4 persones

ingredients

100 g d'arròs al vapor, triturat

200 g de grans de blat de moro bullits

125 g / 4½ oz de Besan*

1 ceba gran, picada finament

1 culleradeta de garam masala

½ culleradeta de xili en pols

10 g de fulles de coriandre picades

Suc d'1 llimona

Sal al gust

Oli vegetal refinat per fregir

Mètode

- Barregeu tots els ingredients, excepte l'oli.
- Escalfeu l'oli en una cassola. Aboqueu cullerades petites de la mescla a l'oli i fregiu-les fins que estiguin daurades per tots els costats.
- Escórrer sobre paper absorbent. Servir calent.

Dahi costella

(colleta de iogurt)

Per a 4 persones

ingredients

600 g 5 oz de iogurt grec

Sal al gust

3 cullerades de fulles de coriandre picades

6 bitxos verds, ben picats

200 g de pa ratllat

1 culleradeta de garam masala

2 culleradetes de nous picades

2 cullerades de farina blanca natural

½ culleradeta de bicarbonat de sodi

90 ml / 3 fl oz d'aigua

Oli vegetal refinat per fregir

Mètode

- Barregeu el iogurt amb sal, fulles de coriandre, bitxos, pa ratllat i garam masala. Dividir en porcions de la mida d'una llimona.
- Premeu unes quantes nous picades al centre de cada porció. Per deixar de banda.
- Barregeu la farina, el bicarbonat de sodi i l'aigua suficient per fer una massa fina. Submergeix les costelles a la massa i reserva.
- Escalfeu l'oli en una cassola. Fregiu les costelles fins que estiguin daurades.
- Serviu calent amb chutney de menta

Utahpam

(Creps d'arròs)

Per 12

ingredients

500g / 1lb 2oz d'arròs

150 g d'urad dhal*

2 culleradetes de llavors de fenogrec

Sal al gust

12 cullerades d'oli vegetal refinat

Mètode

- Barregeu tots els ingredients, excepte l'oli. Remullar en aigua durant 6-7 hores. Escórrer i triturar fins a obtenir una pasta fina. Deixar reposar 8 hores perquè fermenta.
- Escalfeu una paella i hi repartiu-hi 1 culleradeta d'oli.
- Aboqueu una cullerada generosa de massa. Untar com una creps.
- Cuini a foc lent durant 2-3 minuts. Gira i repeteix.
- Repetiu per a la resta de la massa. Servir calent.

Koraishutir Kochuri

(Pa farcit de pèsols)

Per a 4 persones

ingredients

175 g de farina blanca normal

¾ culleradeta de sal

2 cullerades de ghee més un extra per fregir

500 g / 1lb 2 oz de pèsols congelats

2,5 cm d'arrel de gingebre

4 bitxos verds petits

2 cullerades de llavors de fonoll

¼ de culleradeta d'asafètida

Mètode

- Barregeu la farina amb ¼ de culleradeta de sal i 2 cullerades de mantega clarificada. Per deixar de banda.
- Tritureu els pèsols, el gingebre, els bitxos i el fonoll en una pasta fina. Per deixar de banda.
- Escalfeu una culleradeta de ghee en una cassola. Fregiu l'asafètida durant 30 segons.

- Afegiu la pasta de pèsols i ½ culleradeta de sal. Sofregir durant 5 minuts. Per deixar de banda.
- Dividiu la massa en 8 boles. Aplaneu i ompliu cadascun amb la barreja de pèsols. Tanca com una bossa i torna a aplanar. Estireu-los en discos rodons.
- Escalfeu el ghee en una cassola. Afegiu-hi els discos farcits i fregiu-los a foc mitjà fins que estiguin daurats. Escórrer sobre paper absorbent i servir calent.

Kanda Vada

(colleta de ceba)

Per a 4 persones

ingredients

4 cebes grans, tallades a rodanxes

4 bitxos verds, ben picats

10 g de fulles de coriandre picades

¾ culleradeta de pasta d'all

¾ culleradeta de pasta de gingebre

½ culleradeta de cúrcuma

Una mica de bicarbonat de sodi

Sal al gust

250 g/9 oz de besan*

Oli vegetal refinat per fregir

Mètode

- Barregeu tots els ingredients menys l'oli. Pastar i reservar durant 10 minuts.
- Escalfeu l'oli en una cassola. Afegiu cullerades de la barreja a l'oli i fregiu a foc mitjà fins que estigui daurat. Servir calent.

Aloo Tuk

(Snack de patata picant)

Per a 4 persones

ingredients

8-10 patates noves, blanquejades

Sal al gust

Oli vegetal refinat per fregir

2 cullerades de chutney de menta

2 cullerades de mostassa de tomàquet dolç

1 ceba gran, picada finament

2-3 bitxos verds, ben picats

1 culleradeta de sal negra, en pols

1 culleradeta de chaat masala*

Suc d'1 llimona

Mètode

- Premeu suaument les patates per aplanar-les lleugerament. Espolvorear amb sal.
- Escalfeu l'oli en una cassola. Afegiu-hi les patates i fregiu-les fins que estiguin daurades per tots els costats.
- Transferiu les patates a un plat de servir. Espolseu el chutney de menta i tomàquet dolç per sobre.
- Espolseu la ceba, els bitxos verds, la sal negra, el chaat masala i el suc de llimona. Serviu immediatament.

Costella de coco

Per 10

ingredients

200 g de coco fresc, ratllat

2,5 cm d'arrel de gingebre

4 bitxos verds

2 cebes grans, ben picades

50 g de fulles de coriandre

4-5 fulles de curri

Sal al gust

2 patates grans, bullides i triturades

2 ous batuts

100 g de pa ratllat

Oli vegetal refinat per fregir

Mètode

- Tritureu el coco, el gingebre, els bitxos, les cebes, les fulles de coriandre i les fulles de curri. Per deixar de banda.
- Saleu les patates i barregeu-les bé.
- Feu boles de patates de la mida d'una llimona i aplaneu-les al palmell de la mà.

- Col·loqueu una mica de barreja de coco mòlt al centre de cada costella. Tanqueu-los com una bossa i torneu-los a aplanar suaument.
- Submergeix cada costella a l'ou batut i enrotlla-ho amb pa ratllat.
- Escalfeu l'oli en una cassola. Fregiu les costelles fins que estiguin daurades.
- Escórrer sobre paper absorbent i servir calent amb chutney de menta

Mung Sprout Dhokla

(Pastís de brots verds al vapor)

Per 20

ingredients

200 g de mongetes mung germinades

150 g / 5½ oz de mung dhal*

2 cullerades de crema agra

Sal al gust

2 cullerades de pastanaga ratllada

Oli vegetal refinat per greixar

Mètode

- Incorporeu-hi les mongetes mung, el dhal mung i la crema agra. Tritureu junts fins a obtenir una pasta llisa. Fermentar durant 3-4 hores. Afegir la sal i reservar.
- Unteu un motlle rodó de 20 cm. Aboqueu-hi la barreja de dhal. Espolvorear les pastanagues per sobre i cuinar al vapor durant 7 minuts.
- Talleu a trossos i serviu calent.

Paneer Pakoda

(Paneer fregit amb massa)

Per a 4 persones

ingredients

2 ½ culleradetes de xili en pols

1¼ culleradeta d'amchoor*

Paner de 250 g*, tallat a trossos grans

8 cullerades de besan*

Sal al gust

Una mica de bicarbonat de sodi

150 ml d'aigua

Oli vegetal refinat per fregir

Mètode

- Barregeu 1 cullerada de xili en pols i amboor. Marinar els trossos de paneer amb la barreja durant 20 minuts.
- Barregeu el besan amb el xili en pols restant, la sal, el bicarbonat de sodi i l'aigua suficient per fer la massa.
- Escalfeu l'oli en una cassola. Submergeix cada tros de paneer a la massa i fregim a foc mitjà fins que estigui daurat.
- Serviu calent amb chutney de menta

Pa de carn indi

Per a 4 persones

ingredients

500 g de vedella picada

200 g de rodanxes de cansalada

½ culleradeta de pasta de gingebre

½ culleradeta de pasta d'all

2 bitxos verds, ben picats

½ culleradeta de pebre negre mòlt

¼ de culleradeta de nou moscada, ratllada

Suc d'1 llimona

Sal al gust

2 ous batuts

Mètode

- En una cassola, barregeu tots els ingredients menys els ous.
- Cuini a foc fort fins que la barreja estigui seca. Reservar per refredar.
- Afegiu-hi els ous batuts i barregeu-ho bé. Abocar en un motlle de 20 x 10 cm.
- Cuini la barreja al vapor durant 15-20 minuts. Deixar refredar durant 10 minuts. Talleu-los a rodanxes i serviu-los calents.

Paneer Tikka

(Paneer Patty)

Per a 4 persones

ingredients

Paner de 250 g*, tallat en 12 trossos

2 tomàquets, tallats a quarts i treure la polpa

2 pebrots verds, pelats i tallats a quarts

2 cebes mitjanes, tallades a quarts

3-4 fulles de col, triturades

1 ceba petita, tallada a rodanxes fines

Per a la marinada:

1 culleradeta de pasta de gingebre

1 culleradeta de pasta d'all

250 g de iogurt grec

2 cullerades de nata líquida

Sal al gust

Mètode

- Barregeu els ingredients de la marinada. Marinar el paneer, els tomàquets, els pebrots i les cebes amb aquesta barreja durant 2-3 hores.
- Broqueu-los un darrere l'altre i feu-los a la planxa a la brasa fins que els trossos de paneer estiguin daurats.
- Decoreu amb col i ceba. Servir calent.

Costella de paneer

Per 10

ingredients

1 cullerada de mantega clarificada

2 cebes grans, ben picades

Gingebre d'arrel de 2,5 cm, ratllat

2 bitxos verds, ben picats

4 grans d'all, ben picats

3 patates, bullides i triturades

300 g de formatge de cabra, escorregut

1 cullerada de farina blanca natural

3 cullerades de fulles de coriandre picades

50 g de pa ratllat

Sal al gust

Oli vegetal refinat per fregir

Mètode

- Escalfeu el ghee en una cassola. Afegiu-hi les cebes, el gingebre, els xiles i l'all. Fregiu, remenant sovint, fins que la ceba es torni daurada. Retirar del foc.
- Afegiu-hi les patates, el formatge de cabra, la farina, les fulles de coriandre, el pa ratllat i la sal. Barrejar bé i formar costelles.
- Escalfeu l'oli en una cassola. Fregiu les costelles fins que estiguin daurades. Servir calent.

Dhal ke Kebab

(Dhal Kebab)

Per 12

ingredients

600 g / 1 lliure 5 oz dhal masoor*

1,2 litres / 2 pintes d'aigua

Sal al gust

3 cullerades de fulles de coriandre picades

3 cullerades de farina de blat de moro

3 cullerades de pa ratllat

1 culleradeta de pasta d'all

Oli vegetal refinat per fregir

Mètode

- Cuini el dhal amb l'aigua i la sal en una cassola a foc mitjà durant 30 minuts. Escorreu l'excés d'aigua i tritureu el dhal cuit amb una cullera de fusta.
- Afegiu tots els ingredients restants, excepte l'oli. Barregeu bé i formeu 12 mandonguilles.
- Escalfeu l'oli en una cassola. Fregiu les mandonguilles fins que estiguin daurades. Escórrer sobre paper absorbent i servir calent.

Boles d'arròs salades

Per a 4 persones

ingredients

100 g d'arròs al vapor

125 g / 4½ oz de Besan*

125 g de iogurt

½ culleradeta de xili en pols

¼ culleradeta de cúrcuma

1 culleradeta de garam masala

Sal al gust

Oli vegetal refinat per fregir

Mètode

- Tritureu l'arròs amb una cullera de fusta. Afegiu-hi tots els altres ingredients, excepte l'oli, i barregeu-ho bé. Això hauria de crear una massa amb una consistència de pastissos. Afegiu aigua si cal.
- Escalfeu l'oli en una paella antiadherent. Afegiu cullerades de massa i fregiu a foc mitjà fins que estigui daurat.
- Escórrer sobre paper absorbent i servir calent.

Roti nutritiu

Per a 4 persones

ingredients
Per al farcit:

1 culleradeta de llavors de comí

1 culleradeta de mantega

1 patata bullida, triturada

1 ou dur, picat finament

1 cullerada de fulles de coriandre picades

½ culleradeta de xili en pols

Un polsim de pebre negre mòlt

Pessic de garam masala

1 cullerada de ceba verda, tallada finament

Sal al gust

Per a la rotis:

85 g de farina integral

1 culleradeta d'oli vegetal refinat

Pessic de sal

Mètode

- Barregeu tots els ingredients per al farcit i tritureu bé. Per deixar de banda.
- Barregeu tots els ingredients per al roti. Pastar fins a obtenir una massa flexible.
- Feu boles de massa de la mida d'una nou i enrotlleu-les en discos.
- Repartiu el farcit triturat de manera fina i uniforme en cada disc. Enrotlleu cada disc en un rotllo ajustat.
- Escalfeu lleugerament els rotllets en una paella calenta. Servir calent.

Kebab de pollastre a la menta

Per 20

ingredients

500 g / 1 lb 2 oz de pollastre picat

50 g de fulles de menta ben picades

4 bitxos verds, ben picats

1 culleradeta de coriandre mòlt

1 culleradeta de comí mòlt

Suc d'1 llimona

1 culleradeta de pasta de gingebre

1 culleradeta de pasta d'all

1 ou, batut

1 cullerada de farina de blat de moro

Sal al gust

Oli vegetal refinat per fregir

Mètode

- Barregeu tots els ingredients, excepte l'oli. Pastar fins a obtenir una massa suau.
- Dividiu la massa en 20 porcions i aplaneu cadascuna.
- Escalfeu l'oli en una paella antiadherent. Fregiu les broquetes a foc mitjà fins que estiguin daurades. Serviu calent amb chutney de menta

Patates fregides Masala

Per a 4 persones

ingredients

200 g de patates fregides salades

2 cebes, ben picades

10 g de fulles de coriandre ben picades

2 culleradetes de suc de llimona

1 culleradeta de chaat masala*

Sal al gust

Mètode

- Esmicoleu les patates fregides. Afegiu-hi tots els ingredients i barregeu-los bé.
- Serviu immediatament.

Samosa mixta de verdures

(Verdures mixtes salades)

Per 10

ingredients

2 cullerades d'oli vegetal refinat més un extra per fregir

1 ceba gran, picada finament

175 g de pasta de gingebre

1 cullerd̀eta de comí mòlt, torrat en sec

Sal al gust

2 patates, bullides i tallades a daus

125 g de pèsols cuits

Per a la pastisseria:

175 g de farina blanca normal

Pessic de sal

2 cullerades d'oli vegetal refinat

100 ml / 3½ fl oz d'aigua

Mètode

- Escalfeu 2 cullerades d'oli en una paella antiadherent. Afegiu-hi la ceba, el gingebre i el comí mòlt. Fregir durant 3-5 minuts, remenant constantment.
- Afegiu-hi la sal, les patates i els pèsols. Barrejar bé i triturar. Per deixar de banda.
- Feu cons de pastisseria amb ingredients de rebosteria, com a la recepta de samosa de patata
- Ompliu cada con amb 1 cullerada de la barreja de patata i pèsols i tanqueu les vores.
- Escalfeu l'oli en una paella i fregiu els cons fins que estiguin daurats.
- Escórrer i servir calent amb salsa de tomàquet o chutney de menta

Rotllets de picada

Per 12

ingredients

500g / 1lb 2oz de xai picat

2 bitxos verds, ben picats

2,5 cm d'arrel de gingebre, picat finament

2 grans d'all, ben picats

1 culleradeta de garam masala

1 ceba gran, picada finament

25 g/1 unça de fulles de coriandre escasses, picades

1 ou, batut

Sal al gust

50 g de pa ratllat

Oli vegetal refinat per fregir poc profund

Mètode

- Barregeu tots els ingredients, excepte el pa ratllat i l'oli. Dividiu la mescla en 12 porcions cilíndriques. Enrotlleu amb pa ratllat. Per deixar de banda.
- Escalfeu l'oli en una paella antiadherent. Fregiu els rotllos a foc lent fins que estiguin daurats per tots els costats.

- Serviu calent amb chutney de coco verd

Golli Kebab

(Rollets de verdures)

Per 12

ingredients

1 pastanaga gran, picada finament

50 g de mongetes, picades

50 g de col, ben picada

1 ceba petita, ratllada

1 culleradeta de pasta d'all

2 bitxos verds

Sal al gust

½ culleradeta de sucre granulat

½ culleradeta d'amchoor*

50 g de pa ratllat

125 g / 4½ oz de Besan*

Oli vegetal refinat per fregir

Mètode

- Barregeu tots els ingredients, excepte l'oli. Forma 12 cilindres.
- Escalfeu l'oli en una paella antiadherent. Fregiu els cilindres fins que estiguin daurats.
- Serviu calent amb salsa de tomàquet.

Mathis

(Pretzels fregits)

Per 25

ingredients

350 g de farina blanca normal

200 ml / 7 fl oz d'aigua calenta

1 cullerada de mantega clarificada

1 culleradeta de llavors d'ajowan

1 cullerada de mantega clarificada

Sal al gust

Oli vegetal refinat per fregir

Mètode

- Barregeu tots els ingredients, excepte l'oli. Pastar fins a obtenir una massa flexible.
- Dividiu la massa en 25 porcions. Enrotlleu cada porció en un disc de 5 cm de diàmetre. Punxeu els discos amb una forquilla i reserveu-los 30 minuts.
- Escalfeu l'oli en una cassola. Fregiu els discos fins que estiguin daurats.
- Escórrer sobre paper absorbent. Refredar i guardar en un recipient hermètic.

Poha Pakoda

Per a 4 persones

ingredients

100 g / 3½ oz poha*

500 ml / 16 fl oz d'aigua

125 g de cacauets, tallats gruixuts

½ culleradeta de pasta de gingebre

½ culleradeta de pasta d'all

2 culleradetes de suc de llimona

1 culleradeta de sucre

1 culleradeta de coriandre mòlt

½ culleradeta de comí mòlt

10 g de fulles de coriandre ben picades

Sal al gust

Oli vegetal refinat per fregir

Mètode

- Remullar el poha en aigua durant 15 minuts. Escórrer i barrejar amb la resta d'ingredients, excepte l'oli. Formeu boles de la mida d'una nou.
- Escalfeu l'oli en una paella antiadherent. Fregiu les boles de poha a foc mitjà fins que estiguin daurades.
- Escórrer sobre paper absorbent. Serviu calent amb chutney de menta

Hariyali Murgh Tikka

(Pollastre verd Tikka)

Per a 4 persones

ingredients

2 unces de pollastre desossat de 6 unces, tallat a trossos de 2 polzades

Oli vegetal refinat per arrebossar

Per a la marinada:

Sal al gust

125 g de iogurt

1 cullerada de pasta de gingebre

1 cullerada de pasta d'all

25 g / escasses fulles de menta d'1 unça, mòltes

25 g/1 unça de fulles de coriandre escasses, mòltes

50 g d'espinacs, picats

2 cullerades de garam masala

3 cullerades de suc de llimona

Mètode

- Barregeu els ingredients de la marinada. Marinar el pollastre amb aquesta barreja durant 5-6 hores a la nevera. Retirar de la nevera almenys una hora abans de cuinar.
- Grill els trossos de pollastre a les broquetes o en una safata de forn untada amb oli. Cuini fins que el pollastre estigui daurat per tots els costats. Servir calent.

Boti Kebab

(Broquetes de xai de mida mossegada)

Per 20

ingredients

500 g / 1lb 2 oz de xai desossat, tallat a trossos de mida de mossegada

1 culleradeta de pasta de gingebre

2 culleradetes de pasta d'all

2 culleradetes de pebrot verd

½ cullerada de coriandre mòlt

½ cullerada de comí mòlt

¼ culleradeta de cúrcuma

1 culleradeta de xili en pols

¾ culleradeta de garam masala

Suc d'1 llimona

Sal al gust

Mètode

- Barregeu bé tots els ingredients i reserveu-ho durant 3 hores.
- Broqueu els trossos de xai. Cuini a una graella de carbó durant 20 minuts fins que estigui daurat. Servir calent.

Chaat

(Aperitiu de patates salades)

Per a 4 persones

ingredients

Oli vegetal refinat per fregir

4 patates mitjanes, bullides, pelades i tallades a trossos de 2,5 cm

½ culleradeta de xili en pols

Sal al gust

1 culleradeta de comí mòlt, torrat en sec

1 ½ culleradeta de chaat masala*

1 culleradeta de suc de llimona

2 cullerades de chutney de mango dolç i calent

1 cullerada de chutney de menta

10 g de fulles de coriandre picades

1 ceba gran, picada finament

Mètode

- Escalfeu l'oli en una paella antiadherent. Fregiu les patates a foc mitjà fins que estiguin daurades per tots els costats. Escórrer sobre paper absorbent.
- En un bol, condimenteu les patates amb xili en pols, sal, comí mòlt, chaat masala, suc de llimona, chutney de mango dolç i calent i chutney de menta. Decoreu amb fulles de coriandre i ceba. Serviu immediatament.

Dosa de coco

(Crêpe d'arròs de coco)

Són les 10-12

ingredients

250 g d'arròs, en remull durant 4 hores

100 g / 3½ oz poha*, remull durant 15 minuts

100 g d'arròs al vapor

50 g de coco acabat de ratllar

50 g de fulles de coriandre picades

Sal al gust

12 culleradetes d'oli vegetal refinat

Mètode

- Tritureu tots els ingredients, excepte l'oli, per formar una massa espessa.
- Unteu i escalfeu una paella plana. Aboqueu una cullerada de massa i repartiu amb el dors d'una cullera fins que quedi una crepe fina. Aboqueu-hi una culleradeta d'oli. Cuini fins que estigui cruixent. Repetiu per a la massa restant.
- Serviu calent amb chutney de coco

Pastissos de fruita seca

Per a 8

ingredients

50 g de fruita seca barrejada, ben picada

2 cullerades de chutney de mango dolç i calent

4 patates grans, bullides i triturades

2 bitxos verds, ben picats

1 cullerada de farina de blat de moro

Sal al gust

Oli vegetal refinat per fregir

Mètode

- Barregeu la fruita seca amb el chutney de mango dolç i càlid. Per deixar de banda.
- Barrejar les patates, els xiles verds, la farina de blat de moro i la sal.
- Dividiu la barreja en 8 boles de la mida d'una llimona. Aplaneu-los prement-los suaument entre els palmells de les mans.
- Col·loqueu una mica de barreja de fruita seca al centre de cadascuna i tanqueu-la com una bossa. Aplanar una vegada més per formar mandonguilles.

- Escalfeu l'oli en una paella antiadherent. Afegiu-hi les mandonguilles i fregiu-les a foc mitjà fins que estiguin daurades per tots els costats. Servir calent.

Dosa d'arròs cuit

Són les 10-12

ingredients

100 g d'arròs al vapor

250 g/9 oz de besan*

3-4 bitxos verds, ben picats

1 ceba, picada finament

50 g de fulles de coriandre picades

8 fulles de curri, ben picades

Pessic d'asafètida

3 cullerades de iogurt

Sal al gust

150 ml d'aigua

12 culleradetes d'oli vegetal refinat

Mètode

- Barrejar tots els ingredients junts. Tritureu lleugerament i afegiu-hi una mica d'aigua per fer una massa espessa.
- Unteu i escalfeu una paella plana. Aboqueu una cullerada de massa per sobre i repartiu-la fins que quedi una crepe fina. Aboqueu-hi una culleradeta d'oli al voltant. Cuini fins que estigui cruixent. Repetiu per a la massa restant.
- Serviu calent amb chutney de coco

Mandonguilles de plàtan verd

Per 10

ingredients

6 plàtans verds, bullits i triturats

3 bitxos verds, ben picats

1 ceba petita, picada finament

¼ culleradeta de cúrcuma

1 cullerada de farina de blat de moro

1 culleradeta de coriandre mòlt

1 culleradeta de comí mòlt

1 culleradeta de suc de llimona

½ culleradeta de pasta de gingebre

½ culleradeta de pasta d'all

Sal al gust

Oli vegetal refinat per fregir poc profund

Mètode

- Barregeu tots els ingredients, excepte l'oli. Barrejar bé.
- Divideix en 10 boles iguals. Aplanar en mandonguilles.
- Escalfeu l'oli en una paella antiadherent. Afegiu-hi unes mandonguilles alhora i fregiu-les fins que estiguin daurades per tots els costats.
- Serviu calent amb salsa de tomàquet o chutney de menta

Sooji Vada

(Aperitiu de sèmola fregida)

Rendiments 25-30

ingredients

200 g de sèmola

250 g de iogurt

1 ceba gran, picada

Gingebre d'arrel de 2,5 cm, ratllat

8 fulles de curri

4 bitxos verds, ben picats

½ coco fresc, mòlt

Sal al gust

Oli vegetal refinat per fregir

Mètode

- Barregeu tots els ingredients, excepte l'oli, per obtenir una massa espessa. Per deixar de banda.
- Escalfeu l'oli en una paella antiadherent. Afegiu-hi suaument cullerades de massa i fregiu a foc mitjà fins que estigui daurat.
- Escórrer sobre paper absorbent. Serviu calent amb chutney de menta

Bocades agredolçades salades

Per 20

ingredients

2 cullerades d'oli vegetal refinat

1 culleradeta de llavors de mostassa

1 culleradeta de llavors de sèsam

7-8 fulles de curri

2 cullerades de fulles de coriandre ben picades

Per al muthie:

200 g d'arròs al vapor

50 g de col, ratllada

1 pastanaga de mida mitjana, ratllada

125 g de pèsols congelats, descongelats i triturats

4 bitxos verds, ben picats

1 culleradeta de pasta de gingebre

1 culleradeta de pasta d'all

2 cullerades de sucre granulat

2 cullerades de suc de llimona

Un polsim de cúrcuma

1 culleradeta de garam masala

3 cullerades de salsa de tomàquet

Sal al gust

Mètode

- Barregeu tots els ingredients de la muthia en un bol. Barrejar bé.
- Transferiu aquesta barreja a un motlle rodó de 20 cm untat i repartiu-lo uniformement.
- Col·loqueu la safata al vapor i cuini al vapor durant 15-20 minuts. Deixar refredar durant 15 minuts. Talleu a trossos amb forma de diamant. Per deixar de banda.
- Escalfeu l'oli en una cassola. Afegiu llavors de mostassa, llavors de sèsam i fulles de curri. Deixeu-los crepitar durant 15 segons.
- Aboqueu-ho directament sobre la mutia. Decoreu amb coriandre i serviu calent.

Pastissos de gambes

Per a 4 persones

ingredients

2 cullerades d'oli vegetal refinat més per fregir

1 ceba, picada finament

2,5 cm d'arrel de gingebre, picat finament

2 grans d'all, ben picats

250 g de gambes, netejades i pelades

1 culleradeta de garam masala

Sal al gust

1 culleradeta de suc de llimona

2 cullerades de fulles de coriandre picades

5 patates grans, bullides i triturades

100 g de pa ratllat

Mètode

- Escalfeu 2 cullerades d'oli en una paella antiadherent. Afegiu la ceba i sofregiu-la fins que estigui translúcida.
- Afegiu-hi el gingebre i l'all i salteu-ho a foc mitjà durant un minut.
- Afegiu-hi les gambes, el garam masala i la sal. Cuini durant 5-7 minuts.
- Afegiu-hi el suc de llimona i les fulles de coriandre. Barrejar bé i reservar.
- Afegiu sal a les patates i formeu mandonguilles. Poseu una mica de barreja de gambes a cada pastisset. Segellar en bosses i aplanar. Per deixar de banda.
- Escalfeu l'oli en una cassola. Enrotlleu les mandonguilles amb pa ratllat i fregiu-les fins que estiguin daurades. Servir calent.

Reshmi Kebab

(kebab de pollastre amb adob cremós)

Són les 10-12

ingredients

250 ml de crema agra

1 culleradeta de pasta de gingebre

1 culleradeta de pasta d'all

1 culleradeta de sal

1 ou, batut

120 ml / 4 fl oz de nata doble

500 g de pollastre desossat, picat

Mètode

- Barregeu la crema agra, la pasta de gingebre i la pasta d'all. Afegiu-hi sal, ou i nata per fer una pasta espessa.
- Marinar el pollastre amb aquesta barreja durant 2-3 hores.
- Broqueu els trossos i coeu-los a la brasa de carbó fins que estiguin daurats.
- Servir calent.

Delicia de blat trencat

Per 15

ingredients

250 g de blat trencat, lleugerament torrat

150 g / 5½ oz de mung dhal*

300 ml / 10 fl oz d'aigua

125 g de pèsols congelats

60 g de pastanagues, ratllades

1 cullerada de cacauets torrats

1 cullerada de pasta de tamarind

1 cullerada de garam masala

1 cullereta de xili en pols

¼ cullereta de cúrcuma

1 cullereta de sal

1 cullerada de fulles de coriandre picades

Mètode

- Remull el blat trencat i el mung dhal en aigua durant 2-3 hores.
- Afegiu-hi la resta d'ingredients, excepte les fulles de coriandre, i barregeu-ho bé.
- Aboqueu la barreja en un motlle rodó de 20 cm. Cuinar al vapor durant 10 minuts.
- Deixar refredar i tallar a trossos. Decorar amb coriandre. Serviu amb chutney de coco verd

Methi Dhokla

(Pastís de fenogrec al vapor)

Per 12

ingredients

200 g d'arròs de gra curt

150 g d'urad dhal*

Sal al gust

25 g/1 unça de fulles de fenogrec, picades

2 culleradetes de pebrot verd

1 cullerada de crema agra

Oli vegetal refinat per greixar

Mètode

- Remullar l'arròs i el saltar junts durant 6 hores.
- Tritureu-la en una pasta espessa i deixeu-la fermentar durant 8 hores.
- Afegiu-hi els altres ingredients. Barrejar bé i fermentar durant 6-7 hores més.
- Unteu un motlle rodó de 20 cm. Aboqueu la massa a la cassola i cuini al vapor durant 7-10 minuts.
- Serviu calent amb un chutney dolç.

Pastissos de pèsols

Per 12

ingredients

2 cullerades d'oli vegetal refinat més un extra per fregir

1 culleradeta de llavors de comí

600 g / 1 lb 5 oz de pèsols cuits, triturats

1½ culleradeta d'amchoor*

1½ culleradetes de coriandre mòlt

Sal al gust

½ culleradeta de pebre negre mòlt

6 patates, bullides i triturades

2 llesques de pa

Mètode

- Escalfeu 2 cullerades d'oli en una cassola. Afegiu les llavors de comí. Passats 15 segons, afegiu-hi els pèsols, l'amoror i el coriandre. Fregir durant 2 minuts. Per deixar de banda.
- Salpebreu les patates. Per deixar de banda.
- Submergeix les llesques de pa a l'aigua. Esprémer l'excés d'aigua prement-los entre els palmells. Traieu les crostes i afegiu-hi rodanxes a la barreja de patates. Barrejar bé. Dividiu la barreja en boles de la mida d'una llimona.
- Aplaneu cada bola i poseu una cullerada de la barreja de pèsols al centre. Tanca com una bossa i torna a aplanar.
- Escalfeu l'oli en una paella antiadherent. Fregiu les mandonguilles fins que estiguin daurades. Servir calent.

Nimki

(Triangle de farina cruixent)

Per 20

ingredients

500g / 1lb 2oz de besan*

75 g de mantega clarificada

1 culleradeta de sal

1 culleradeta de llavors de comí

1 culleradeta de llavors d'ajowan

200 ml / 7 fl oz d'aigua

Sal al gust

Oli vegetal refinat per fregir

Mètode

- Barregeu tots els ingredients, excepte l'oli. Pastar fins a obtenir una massa ferma.
- Feu boles de la mida d'una nou. Estireu-los en discs prims. Talleu-los per la meitat i doblegueu-los en triangles.
- Escalfeu l'oli en una paella antiadherent. Fregiu els triangles a foc mitjà fins que estiguin daurats. Refredar i guardar en un recipient hermètic fins a 8 dies.

Dahi Pakoda Chaat

(Bouletes de llenties fregides al iogurt)

Per a 4 persones

ingredients

200 g/7 oz de mung dhal*

200 g/7 oz d'urad dhal*

1 cm d'arrel de gingebre, picada

3 cullerades de fulles de coriandre picades

Sal al gust

Oli vegetal refinat per fregir

125 g de mostassa de tomàquet dolç

125 g de chutney de menta

175 g de iogurt, batut

½ culleradeta de sal negra

1 cullerada de comí mòlt, torrat en sec

3 cullerades de Bombay Mix*

Mètode

- Remullar el dhal junts durant 4-5 hores. Escórrer i afegir el gingebre, 2 cullerades de fulles de coriandre i sal. Tritureu fins obtenir una pasta gruixuda. Per deixar de banda.

- Escalfeu l'oli en una cassola. Quan comenci a fumar, afegiu-hi cullerades de massa. Fregir fins que estigui daurat. Escórrer sobre paper absorbent.
- Col·loqueu les pakodas fregides en un plat de servir. Espolseu el chutney de menta, el chutney de tomàquet dolç i el iogurt per sobre de les pakodas. Espolvorear amb la resta d'ingredients. Serviu immediatament.

www.ingramcontent.com/pod-product-compliance
Lightning Source LLC
Chambersburg PA
CBHW050151130526
44591CB00033B/1254